U0030016

日本異界博物誌

原來這些習俗都跟妖魔鬼怪有關係！

作家·怪異妖怪愛好者
朝里 樹 監修
江宓蓁·邱香凝 譯

日 本 異 界 図 典

推薦

請小心提防異界領路人，一旦涉足，便難以脫身

螺螄拜恩

兒時獨獨衷情日本怪談，當友伴投身跳房子、跳橡皮筋遊戲時（曝露年齡），我卻窩在房裡，閱讀一本本談論鍋島妖貓、皿屋敷阿菊，與四谷怪談等閃爍妖異光芒的鬼故事。為防患未然，還自製一本「逃生手冊」，上頭記載，搭船遇到海坊主，需遞上有洞的勺子才不會沉船；被裂嘴女追殺勿慌張，連說三次「髮蠟」便能擊退她！

對「異界」的著迷持續至今，或許正如《日本異界博物誌》所言，在長期浸淫下，我不知不覺跨越了邊界，嚮往接觸未知世界的居民（身上依然帶著有洞的勺子和髮蠟）。

鬼怪傳說誕生自人類對大自然的恐懼及崇拜，是一種文化傳承，譬如日本的山岳信仰，希冀經由嚴苛修行，獲取超自然力量。此類文化現象同見於尼泊爾，西方登山家攀登高山象徵征服自然，雪巴人則抱持敬畏心行過朝聖之路，受惠山嶽恩典的臺灣原住民也有類似儀式，種種活動承載著人們的共同記憶。

如今，對於異界的畏懼已自主流文化退場，成為次文化的熱門主題，建構於異世界之小說、動漫等作品多不勝數，像日本漫畫《靈異教師神眉》、《鬼滅之刃》

等，皆賦予異界居民充滿娛樂性的意義，不再有人害怕妖物作祟，反倒引為趣談。

而《日本異界博物誌》追本溯源，撥開時間迷霧，從民俗學、宗教、歷史和文化各方面，進行審慎考據與研究，以動人筆觸，娓娓道來日本妖怪文化源流，以及區隔現世與彼世之「異界」概念。讀者一睹奇妙光景之外，從而知悉，許多禁忌與習俗仍代代相傳，只是以不同面貌展現於日常。

例如日本人深信言語中寄宿強大靈力，簡稱「言靈」，故藉由生活化儀式趨吉避凶，像日、臺兩地習慣稱小孩「犬子」，昔日農村甚以豬、狗、貓取賤名，皆究於往昔嬰孩易夭折，此舉為了避免幼兒被妖魔或邪氣染指之對策。

本書自「空間」、「事物與生活」、「例行活動」和「表演藝術」四個面向，分門別類敘事，將模糊抽象之異界概念整理得井井有條，且保有豐富故事性及趣味性，讀者大開眼界之餘，增加了不少知識。內文佐以多幅珍貴插畫、照片及圖表輔助說明，引人入勝，一不小心就會栽入精采世界觀，即使最強陰陽師安倍晴明前來搭救，亦難以自拔不想脫身……欸如果安倍晴明很帥的話，還是跟他走好了～（喂）

書中敘述日本傳統舞台藝術——能樂中的配角「脇」，是引領觀眾跨越邊界，走入異界的角色，而作者朝里樹亦然。當你翻閱本書，耳邊彷彿驟然響起由笛子和打擊樂器交織之悠揚樂曲，繽紛華麗，綴以金、銀箔與細膩刺繡之寬大戲服於眼前翻飛，作者踏著圓滑的獨特步法，隱然浮現，帶你一步步走進，一旦涉足便難以回頭，離奇虛幻之神祕異界。

前言

聽到「異界」這個詞，你會想到什麼？

人們生活到現在，一直把自己居住的世界和另一側的世界區分開來。位在兩者之間的界線稱為「邊界」，邊界另一側就是廣大的「異界」。在我們的認知中，自己所在世界的外圍就是「異界」，不論存在什麼生物、發生什麼狀況都不奇怪。自古以來我們便對其抱持著恐懼、敬畏，持續不斷想像這個看不見的世界，直到成功打造出完美的「異界」。

舉例來說，鬼怪、河童和天狗之類的妖怪，就是我們創造的異界居民。在現代，妖怪都被化為可愛角色，成了十分親人的存在。但不論鬼怪或妖怪，原本都是從人們的恐懼當中誕生，而且日本還有許多其他文化也是出自於想像的「異界」。

本書把異界這個遼闊的世界分成四個類別，

分別是「空間」、「事物與生活」、「例行活動」、「表演藝術」。第一章「空間」，將針對神社這種位在俗界的異界場所，以及潛伏於時間和方位當中的妖異概念進行解說。第二章「事物與生活」，是講述與異界相關的文化，例如習俗和禁忌等等。第三章「例行活動」，透過年節俗慶來說明人們到底是如何面對異界之物。至於第四章「表演藝術」，則是在能樂等日本古典表演藝術當中，找出源自於異界的概念和慣例，並加以解釋。

考慮到日本全國各地的傳統與民俗如此多樣，想用本書介紹異界的一切是不可能的，然而只要繼續讀下去，相信應該可以讓您一點一滴地掌握異界的概念。若能事先了解基本規則，等之後親眼見到這些日本的神祕光景時，一定可以感受到自古流傳下來的傳統與歷史之重。由衷希望您能將本書作為自己接近異界的入門書。

朝里樹

目次

《日本異界博物誌》

序章 透過故事解讀的異界世界

第一章 空間與異界

第二章 事物、生活與異界

第三章 例行活動與異界

第四章 表演藝術與異界

所謂「異界」，就是和我們不同的神與魔共存的黑暗世界

如字面所示，異界就是不同於我們世界的另一個世界。自古以來，人們便對異界的存在深信不疑，進而創造出極為獨特的世界觀。讓我們一起更加深入探索，看看他們打造的異界到底是什麼樣子。

連接異界與人世的邊界線就在伸手可及之處

很久很久以前，人們認為人世之外還有一片廣闊的黑暗世界，並稱其為「異界」。異界的居民不只包括鬼怪、幽靈等令人畏懼的存在，連崇高的神明也居住其中，亦有許多動物、昆蟲等生物被視為神聖之物。換言之，與人類不同的東西全部被歸類成異界的居民。

順帶一提，異界這個詞其實不是以前流傳下來的用語，而是最近幾年才有的。過去常用的用語是「他界」，但異界和他界的語感有著微妙的差異。就「不屬於人類的另一個世界」這層意思來說，異界和他界的確相同，但是從空間感來看，異界比他界距離我們更近。

舉個例子，相信大家都曾在村和村之間的交界、十字路和三叉路等交叉路口上，看過神像或地藏之類的石碑吧？以前的人認為空間上有所區隔的地方，就是異界和人世的邊界線。祭祀神像或地藏則是為了防止魔物從異界入侵。

繪於江戶時代的妖怪討伐圖／歌川國芳〈源賴光公館土蜘作妖怪圖〉

時間上有所區隔的地方也有邊界線

異界和他界除了空間有所不同之外，以前的人們還會透過時間來區隔異界和人世。例如正月迎入家門的年神(歲神様)，便是從異界跨越時間邊界線而來的。

此外，他們還認為一天當中也有邊界線存在，例如傍晚就被視為容易遇上魔族或妖怪等異界居民的不祥時段，又名「逢魔時刻」。

總而言之，異界和他界這兩個名稱的確有相似之處，卻又有所不同。

「異界」是什麼？

Prologue 2

異界概念初見於《古事記》，至江戶時代已發展成娛樂性文化

鬼怪、幽靈和怨靈等異界世界觀，是經年累月累積而成的。然而到了現在，應該已經沒有人認為異界居民真的存在了吧？可見人類的價值觀也同樣隨著漫長歲月逐漸改變。

原是恐懼對象的異界轉變成娛樂的象徵

第一本出現異界概念的日本文獻，是編纂於奈良時代（注1）的《古事記》（注2）。以天上世界高天原和死後世界黃泉國等地為舞台，完美呈現出不同於人世的另一個世界。此外還有許多像是八岐大蛇、八咫烏等異界居民登場，《古事記》可說是為異界世界觀奠定了基礎。

時間推移到平安時代（注3），又加入了鬼怪、物怪等佛教思想，誕生出「怨靈」這個概念。例如被人栽贓暗殺罪名，憤而自殺的早良親王，以及被貶之

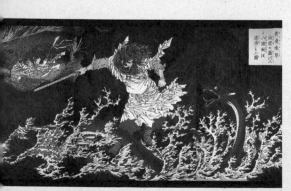

繪於江戶時代的浮世繪，內容是《古事記》中的素戔嗚尊討伐八岐大蛇的場景／月岡芳年〈日本略史 素戔嗚尊〉

繪於室町時代的妖怪繪圖／作者不明〈百鬼夜行繪卷〉（大德寺真珠庵館藏）

畫風無比幽默的《東海道四谷怪談》中的妖怪阿岩／葛飾北齋〈百物語 - 阿岩 -〉

後選擇離開人世的菅原道真化身為人人畏懼的怨靈，都是相當有名的故事。

到室町時代（注4）為止，異界都還是受人畏懼的對象，而轉捩點出現在戰國時代（注5）。為了誇耀武將的強大，像織田信長、伊達政宗等著名武將，人人都有擊敗異界居民的傳說，自此他們從恐懼對象正式轉變成被人類討伐的對象。

緊接著進入江戶時代（注6），擊敗異界居民的英雄故事越來越普及，也逐漸開始被人們當成娛樂消費。

一直到我們所在的現代為止，異界居民的定位已經轉變成娛樂象徵，不再讓人心生恐懼。

與異界居民相關的傳承存在於全國各個角落

從前的認知是有人界和異界兩個世界存在。他們相信鬼怪、河童等不存在於此世的居民都待在異界，而且日本全國各地都有或真或假地流傳它們跨越邊界線而來的傳說。

也有一說認為異界的居民真的存在

日本全國各地都有流傳鬼怪、河童和妖怪等異界居民，因為某種理由現身於此世的傳說。

例如岩手縣就有流傳這麼一個故事：盛岡市的三石神社曾經出現羅剎鬼，最後是透過神的力量將之擊退，而且三石神社供奉的岩石上，就有當初擊退羅剎鬼時所留下的鬼怪手印，據說這就是岩手縣名稱的由來。

此外靜岡縣靜岡市內，經聯合國教科文組織認證的世界遺產三保松原，也有天女曾經降臨此處的傳說；大分縣日田市捕獲河童當時的繪畫，現在也依舊流傳。

順帶一提，也有一說認為異界居民不只是口耳相傳的故事，很有可能真的存在。特別是河童，包括福岡縣久留米市、佐賀縣伊萬里市、熊本縣球磨郡等九州地區縣市，都有留下許多被認為是河童木乃伊的遺骸。

各都道府縣的異界傳說

①青森縣
坂上田村麻呂

坂上田村麻呂擊退惡鬼的傳說。鎌倉時代的史書《吾妻鏡》亦有記載。

②宮城縣
鬼怪木乃伊

位於柴田郡村田町的「歷史未來館」收藏了鬼怪的木乃伊。

③福島縣
安達原的鬼婆

在二本松市安達原現身的女性鬼怪。據傳當地留存了埋有鬼婆骸骨的墳墓。

④茨城縣
イクチ（Ikuchi）

狀似鰻魚的巨大海蛇，據說體長達數公里。

⑤富山縣
人魚傳說

現存的江戶時代瓦版（注7）中，曾有報導當時獵殺了體長約十公尺的人魚。

⑥愛知縣
八岐大蛇

曾在《古事記》中登場。從八岐大蛇尾巴出現的草薙劍，目前保存在名古屋市熱田神宮。

⑦滋賀縣
しゃんこま（Shankoma）

專吃小孩的怪物，草津市也有類似的傳說流傳。

⑧京都
鵺

曾在《平家物語》（注8）中登場的怪物。擁有猴子的臉、狸貓的身體和老虎的手腳。

⑨和歌山縣
天狗傳說

全國各地都有類似故事，不過和歌山縣與天狗相關的傳說尤其多。

⑩熊本縣
アマビエ（Amabie）

出現在熊本縣出海口的妖怪。最大的特徵是外觀看起來像人魚，擁有細長的鳥喙。

⑪宮崎縣
天岩戶

天岩戶曾是異界和人世的邊界線，據說是天照大神（注9）躲起來藏身的地方。

被人世的勇者擊退 已成為固定橋段

木乃伊的真假姑且不論，唯一可以肯定的，是自古以來人們就一直試圖把異界居民的故事流傳至後世，而且大多數流傳下來的傳說都有固定模式：某個勇敢的人類挺身而出，擊退對人類作惡多端的異界居民。

不同於這個世界的另一個世界，光是充滿未知數這一點，就能讓人心生畏懼。這時若是有一個同鄉的人將那些異界居民擊退，就能大大提高歸屬感和同調感。可能正是因為如此，全國各地都有屬於當地的英雄傳說，至今依然為人津津樂道。

序章

透過故事解讀的異界世界

有很多民間故事和傳說，都是以異界為舞台。

首先就從每一則故事當中，找出它們對異界的理解方向和方法。

桃太郎
歸國浦島

STORY 1

造訪異界「龍宮城」，進而超越時空的浦島太郎

造訪異界之旅是最常見的民間故事，其中又以〈浦島太郎〉對於異界龍宮城的樣貌描述最為詳盡。

海底的異界「龍宮城」可以全景觀賞一年四季的景致

浦島太郎救下被人欺負的海龜，獲邀前往龍宮城，接受了美豔動人的乙姬的盛情款待。然而當他從龍宮城回到地面，現世已經過了漫長的歲月。傷心失意的浦島太郎打開乙姬餽贈的寶盒，一陣白煙冒出，讓他瞬間變成白髮蒼蒼的老人。

這是大家耳熟能詳的故事〈浦島太郎〉，可說是民間故事常見的造訪異界之旅代表作。特別值得一提的是，故事中對於異界，也就是對龍宮城的描寫極為詳盡。坐落在海中的龍宮城是一棟華美的建築物，裡面的房間可以一眼望盡四季美景，來到此處的浦島太郎也受到盛大的歡迎。

浦島太郎故事的前身據傳是「記紀神話」（注10）的山幸彥。此外《日本書紀》也有文章記載，在雄略天皇二十二年（西元四七八年）時，丹波國的瑞江浦島子釣上一隻海龜，隨後他和化身為年輕女性的海龜結合，一同前往海中的蓬萊山。

日本各地到處都有類似的故事，但海中世界的名稱則各有不同，例如蓬萊、龍宮等。蓬萊是道教中神仙居住的世界，據說位在大海的另一側。浦島子傳說裡，蓬萊這個詞念成「とこよ」（tokoyo），指的就是日本神話當中不老不死的理想鄉「常世國」（tokoyonokuni）。

龍宮城三年等於地上三百年！

在室町時代的《御伽草子》（注11）以後，過去曾出現在散逸古書《丹後國風土記》（注12）以及《萬葉集》（注13）當中的浦島子，變成了現代人也很熟悉的浦島太郎；蓬萊、常世國也變成了龍宮城。

浦島太郎打開乙姬餽贈的寶盒，轉眼間變成白髮老人。龍宮世界和現世的時間流逝速度是不同的，龍宮的三年相當於地上三百年。當時的民間故事裡，白髮老人的存在通常間接暗示著神明，所以也有一種解釋是浦島太郎變成了神明。

實際上，《御伽草子》版本裡的浦島太郎變成鶴，而乙姬變成海龜，兩人在蓬萊山結為夫婦，故事結局十分幸福快樂。

STORY 2

桃太郎和鬼怪其實同樣都是異界的居民

桃太郎其實是一個來自異界的「稀人」，往來於現世與異界進行冒險的故事。

裝著桃太郎的桃子是強大靈力的象徵

從桃子裡出生的小孩迅速長大，帶著猴子、雉雞和狗一起登上鬼島，成功討伐鬼怪並帶著金銀財寶回家。〈桃太郎〉的基本故事內容大概就是這樣。

故事一開始，主角桃太郎就待在桃子裡，從深山順著河流蜿蜒而下。自古以來，日本的山就是祖

靈棲身的場所，而河川就像是連接那個世界和這個世界的通路。

來自異界的桃太郎，以異於人類的速度急遽成長，和後來加入的動物夥伴們一同前往名為鬼島的異界，最後成功擊退鬼怪，再次回到人間。從這個角度來看，就能明顯看出反覆進出異界和現世的桃太郎到底有多麼不尋常。儘管他不是鬼怪，但桃太郎其實和鬼怪一樣，都是異界的居民。

民俗學裡，這些來自異界的神靈或近似靈體的存在，被稱為「稀人」。中國認為桃子具有強大的靈力，日本神話當中也有一幕是伊邪那岐（注14）朝著黃泉的女鬼怪（黃泉醜女）丟出桃子，試圖驅趕她。有鑑於此，我們應該也可以將桃太郎視為擁有桃子靈力加護的稀人。

將位於鬼怪對角位置的三隻動物收為家臣

民間故事的桃太郎手上還有另一個關鍵道具，那就是老爺爺和老奶奶讓他帶在身上的吉備糰子（黍米糰子）。如同童謠的歌詞，桃太郎把繫在腰上的吉備糰子分給三隻動物，藉此獲得牠們的陪伴，三隻動物分別是猴子、雉雞和狗。

然而為什麼會是這三種動物？敵方鬼怪的存在就是這個問題的最大提示。鬼怪之所以長著牛角，穿著老虎花紋的兜襠布，是因為丑寅（東北）方位就是所謂鬼門的方向。而丑寅的對角位置，則是申（猴）、酉（雞）、戌（狗）。由此可以得知，〈桃太郎〉的故事基礎是建築在陰陽五行學說的十二支之上。如果鬼怪是桃太郎不得不打敗的對手，那麼牠們絕對是再可靠不過的夥伴。

STORY 3

讓整個京都為之恐懼顫慄的大江山酒吞童子

最後被源賴光消滅的酒吞童子，原本應該是人類的他為什麼會潛入異界之門，化為鬼怪呢？

明明是鬼怪為何叫做童子？鬼怪原是近似神明的存在

一条天皇（注15）時代，有個名叫酒吞童子的恐怖鬼怪蟠踞在大江山。酒吞童子率領其他眾多鬼怪出現在京城，抓走貴族們的掌上明珠，天皇為此擔憂不已，於是下令武將源賴光討伐酒吞童子，與之隨行的有藤原保昌，以及賴光手下四天王坂田公時、

渡邊綱、卜部季武和碓井貞光。一行人假扮成山伏（注16）接受酒吞童子的款待，嚥下血酒和公主們的肉，等對方疏忽之後再讓酒吞童子喝下「神便鬼毒酒」，最後趁他爛醉如泥的時候成功加以討伐。

鬼怪在各大民間故事和傳承當中都有登場，但擁有名字的酒吞童子無疑是他們的象徵性存在。佛教世界中，原意為孩童的童子通常都隨侍在菩薩左右，是相當重要的稱謂。

此外舉行降乩儀式時，有些修驗者和巫女也會請神靈依附在童子身上，換言之，童子是比較接近神明和異界之物的存在。那麼後來為什麼會變成異形怪物的名稱呢？

有一說認為鬼（oni）的語源是「陰」（onu），意指不具形態之物，類似靈體。日本也有很多地方不把鬼怪視為妖怪，而是當成神明祭祀。超越人類智慧且令人敬畏的存在，說的大概就是鬼怪吧。

原本其實是美少年？酒吞童子的誕生真相

酒吞童子曾在故事當中講述自己的生平。他生於越後，定居在比叡山，是因為最澄和尚建了延曆寺才逃竄到大江山。

然而也有傳說表示童子一開始並不是鬼怪。原是美貌青年的童子與一名年輕女孩陷入熱戀，可是遭到周遭人士反對，最後女孩選擇自殺，童子飽受失意打擊，從此化為鬼怪。後來他在京都大江山附近遇上一個外貌像極了死去女孩的女性，於是抓了她躲進山中不出。

還有一種說法是他的外型實在太過異常，所以被丟棄在山中；也有民間傳說他是八岐大蛇和人類之間的產物。

STORY 4

來自於月之都，輝夜姬的神祕之處

從理想鄉月之都降臨到地面上的輝夜姬，最後依然和親近之人告別，回到月亮上的世界。

妖異又神祕的魅力，讓人更專注於月亮＝異界

輝夜姬是月之都的居民，故事最後她回到自己的世界，也就是月亮上。以輝夜姬為主角的故事〈竹取物語〉，講述的是在人世短暫生活的異界居民，最後終究回去了原本故鄉的故事。

異界，也就是月亮，在這個故事裡占了相當重

要的位置，日本人對月亮所抱持的敬畏之意也在此表露無遺。在故事完成的當時，這個傾向肯定變得更加明顯。感受並欣賞月亮之美，古今皆如一，相信每個人都曾經被月亮神祕的魅力吸引過。

另一方面，月亮同時也是受人忌諱的存在。那蒼白的妖異光輝，讓人對月光產生不舒服的印象，甚至有人認為滿月會讓人陷入瘋狂。〈竹取物語〉將月亮的一體兩面描繪得淋漓盡致。

輝夜姬是從竹子裡誕生的。當時，竹子是一種神聖之物。透過地下莖叢聚而生的竹林，就算單一竹桿的壽命結束，整體也絕不會停止生長，於是古人從這種無窮性當中發掘出呪術的力量。只要把輝夜姬誕生的竹子，視為連接此世（地面）和異界（月之都）的邊界，就很容易理解了。相信這也是為什麼竹子只有出現在故事開頭，卻被用在故事名稱上的理由。

看似理想鄉的月亮絕不可能握在手中

〈竹取物語〉是用對照法描寫地面和月之都。月之都是人類的理想鄉，不老不死的居民擁有永遠的生命，得以從憂鬱中獲得解放。此外，月亮是不帶一絲汙穢的美麗世界，對讀者來說肯定也是正面形象居多。既然如此，地面難道就是必須否定的世界嗎？

故事的最後，當輝夜姬披上天之羽衣時，不論是對竹取翁扶養自己長大的感念，或是和帝君進行詩歌往來所產生的好感，通通都消失無蹤。至於輝夜姬留下的長生不老藥，帝君認為毫無意義可言，於是燒了它。這種充滿失落感的結局，反而更彰顯出地面世界的美好。

第一章

空間與異界

日本國內有非常多神社之類代表聖域的空間，以及容易出沒妖怪、幽靈的怪異性空間。在此逐一介紹這些區域和時空。

催生出山神與山岳宗教的聖地

【山】山

山裡存在眾多怪異生物與傳說。
為什麼山會是如此神祕的空間？讓我們一起探討其成立過程。

山的威脅與恩惠孕育出神聖的異界空間

日本國土約有四分之三是山地與丘陵，標高超過五百公尺的土地佔了其中的三分之一，和國土面積相近的德國、英國相比，山地比例可說是壓倒性地高。換言之，要說日本是「山之國」一點也不為過。

自古以來，被蓊鬱森林覆蓋到不見天日的高山尊容始終是人們敬畏的對象。基於這份敬畏，高山周邊的居民們發展出一套信仰，認為山中寄居著神明與靈體，死後人類的靈魂也會進入山中。

對於聚落居民來說，高山是農耕不可或缺的水源來源，同時也是生活的基礎。農民所信仰的山神是農業之神，認為祂每個季節都會往來於山間和聚落。住在山裡的樵夫和獵人，則將山神奉為幫自己的生計帶來恩惠的神明。

可和靈界通訊的「靈場」 Culture

青森縣的恐山、和歌山縣的高野山，還有滋賀縣的比叡山是日本著名的三大靈場。在靈場向神佛祈求就能獲得保佑，是非常靈驗的地方。其中又以「潮來」（注17）等通靈者和靈界通訊，喚來恐山死者靈魂的召喚術最為有名。

基於這些理由，以前的人們不允許一般人隨意進入有神居住的山中，視之為異界。

◆◆◆

為了在寄宿神靈的山中尋求超自然的力量，發展出山岳信仰的修驗者們

山作為一種信仰空間，當中建立了許多神社與寺院，主持祭祀的宮司、僧侶之類和異界相關的人們也開始常駐。自西元六世紀佛教傳入後，又增加了混合山岳信仰的日本獨有「修驗道」行者，也就是修驗者們。修驗者進入日本各地的靈山進行嚴酷的修行，承受瀑布拍打，攀爬險峻懸崖，試圖藉此獲得超自然的力量（驗力）。從此呪術性的宗教活動開始在山中舉行，並與山岳信仰密不可分地結合在一起。

修驗道的開山始祖「役小角」

History

役小角是飛鳥時代（注18）的呪術者，在山中修行並建立了修驗道的基礎教義。他留下了許多傳説，據説還將前鬼、後鬼兩隻鬼怪收為弟子。

山岳信仰的主要型態

山被視為神明居住的場所，自古以來就是信仰的對象。山岳崇拜信仰的型態大概可分為四種。

山岳信仰和佛教結合，發展成新的宗教「修驗道」。

山的另一個特徵就是怪異與妖怪的相關傳說極多。住在山裡最有名的妖怪，應該就是天狗了。假如山村裡發生小孩失蹤的「神隱」事件，人們都會認為這是天狗幹的好事。

天狗的起源眾說紛紜，普遍認為是一顆從古代中國流傳過來的流星，代表不祥之兆。根據《日本書紀》記載，來到日本的唐代僧侶看見一顆劃過京城天空的巨大流星，稱之為「天狗」。進入平安時代之後，天狗漸漸轉變成山裡的妖怪，密教更是建立起天狗道，作為死後輪迴的魔界之一。他們認為人不管再怎麼累積修行，只要心懷惡念就不可能開悟，且死後不入六道輪迴，墮入天狗道。

Culture

「日本三靈山」：富士山、白山、立山

靈山就是祭祀著神佛的神聖山峰。日本的山岳信仰深植人心，所以全國各地都有靈山，其中位居頂點的富士山、白山和立山則被稱為「日本三靈山」。

富士山是將整座山體視為神明，亦存在信仰富士山的淺間信仰，全國各地祭祀淺間大神，也就是富士山神靈的神社共有一千三百間。修驗道則是以村山修驗最為有名。

白山擁有自山中湧出的豐富水源，因此信仰對象是水與農業之神。也有侍奉女神白山比咩大神的白山信仰。

立山是將整座山視為御神體（有神寄宿的物體），矗立於山頂的雄山神社屬於立山信仰，與佛教有著密切關係，隨處可見神道與佛教融合之景。

海的另一頭是死後的世界

【海】

過去的人們認為
理想國就在大海的另一頭。

36

對人類來說，海就跟山一樣，是同時帶來恩惠與災禍的存在。

神道將世界分為「常世」和「現世」，而「常世國」指的就是位在大海另一頭的世界，是死後的國度，同時也被視為理想鄉。在記紀神話和《萬葉集》當中，就有許多描寫了現世之神或人造訪常世國，最後成功歸來的故事。前往龍宮城的浦島太郎傳說正是其中之一。

沖繩有種相當獨特的信仰，是關於大海盡頭的異世界「根來河內」（ニライカナイ，niraikanai）。神明自根來河內降臨，為此世帶來豐饒，隨後返回。人在死去同時也會渡海前往根來河內，最後再次化為生者靈魂回歸人世。這裡的根來河內同樣不只是單純的死者之國，與本島神話的常世國相當類似，因此普遍認為兩者的起源很有可能是一樣的。

位在遙遠大海盡頭的異界根來河內

神聖海岸「伊敷濱」 Keyword

久高島是位在沖繩縣的一座小島，自琉球王國時期就被視為聖域，以「神之島」稱之。久高島上的伊敷濱有個傳說，據說曾有一個來自根來河內，裡面裝滿五穀種子的壺漂流至此處。此地現今依然被視為聖域，不可下海游泳。

〈海坊主〉歌川國芳（出自〈東海道五十三對　桑名〉）

Culture

自海中現身的巨大妖怪「海坊主」（注19）

潛伏在海中的巨大妖怪「海坊主」據說都在夜晚出沒，內容大致上是有個黑色的光頭巨人，忽然出現在原本平靜的海面上攻擊船隻。日本全國各地都有關於海坊主的傳說，例如江戶時代網羅眾多奇妙故事的《奇異雜談集》就記載了一篇發生在伊勢國（現三重縣）海域的故事：

以前有個男人不聽船長勸阻，硬是讓自己的妻子登上一艘女人不能搭乘的船（因為女人登船會引發暴風雨），最後海上果然颳起狂風巨浪，海坊主現身，並把跳入海中的妻子帶走後，海面隨即恢復了平靜。

能夠超越時空與亡魂相見

墓

【墓】

極度重視祖先的日本人，
利用墓碑創造出讓時間永遠串聯的文化。

墓地就是用來悼念已逝之人的地點。只要追溯其起源，就能解讀日本人的生死觀念。

日本自古以來就有埋葬遺體的文化，這是因為人類是由靈魂和肉體所組成的生物，而非單純的動物。到了中世紀後期，這種生死觀念發展出民俗學當中的「兩墓制」，也就是埋葬一名死者需要石塔（魂）和埋葬地（肉體）兩座墓。

如果遺體和石塔埋葬在同一地方，則稱為「單墓制」。其他還可能因為不同的地區和時代，導致墳墓出現不同的形狀和規定，不過一般公認平民也開始普設墳墓的時期，大約是在江戶時代。

◆◆◆

為什麼選用石頭製作墓碑，其實也有非常明確的理由，因為石

墓碑的作用就是跨越世代隔閡，讓人得以接觸到祖先的靈魂

墓碑的起源是日本神話的「千引石」

History

日本神話《古事記》裡的「千引石」是日本墓碑的起源之一。伊邪那岐在黃泉被妻子最後的模樣嚇到落荒而逃的時候，用一塊巨大的「千引石」堵住了黃泉的入口。根據這個傳說，石頭變成了分隔此世和異界的邊界，進而成為墓碑的起源。

構成佛教宇宙的五大要素

墓地常見的五輪塔和卒塔婆，都表現出佛教的宇宙觀「空．風．火．水．地」。據說最早的起源是印度哲學。

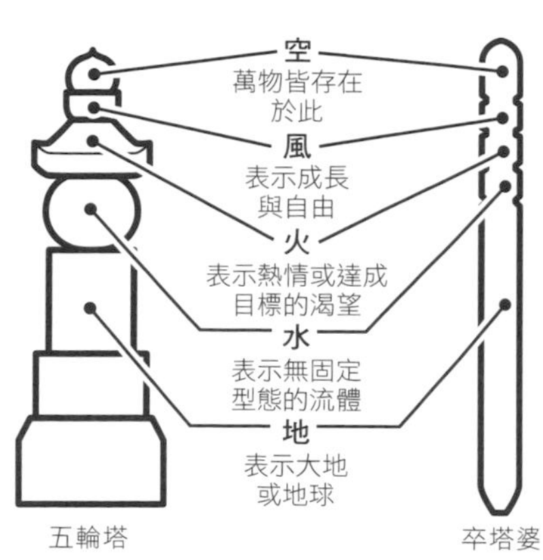
空
萬物皆存在於此
風
表示成長與自由
火
表示熱情或達成目標的渴望
水
表示無固定型態的流體
地
表示大地或地球
五輪塔
卒塔婆

頭可以存在多年而不變。日本的文化非常重視祖先，他們認為讓生命跨越世代永遠延續下去，是一件非常重要的事。因此，作為一個能讓人超越時空與祖先相見的場所，石頭可說是再適合不過。

此外，佛教形式的墓碑旁邊通常還會有一片長條木板，名為「卒塔婆」。卒塔婆是根據五輪塔，也就是收納釋迦遺骨的地點所製成的。這三個字源自於梵文，意指構成佛教宇宙的「空．風．火．水．地」五大元素。五輪塔的形狀也表現出同樣的世界觀，從上到下依序為寶珠、半圓、三角、圓形和四角，分別代表五大元素的意涵。日本寺廟常見的三重塔和五重塔，其外觀也是從同樣的概念汲取而來，起源正是來自於宇宙世界觀。

Culture

佛教和神道的墳墓差異

佛教和神道的墓地非常相似，但最大的不同之處在於墓碑的形狀。神道的墓碑上端是尖的，意思是「劍」。其由來是根據熱田神宮所供奉的御神體「天叢雲劍」，同為「三種神器」之一的「草薙劍」亦可視為起源。此外，由於神道不點香，所以沒有香爐。墓碑上用文言文書寫也是特徵之一，例如「〇〇家之奧津城（〇〇家之墓）」。

眾神降臨此世時的居所

神社

【神社】

神明降臨的神聖場所·神社，
設有許多用於祛除汙穢的結界。

對一般人來說最貼近生活的聖域，相信第一個想到的地方就是神社吧。作為神明降臨的神聖場所，日本全國大概有超過十萬間神社存在。

祭祀神明依代的神社，逐漸加蓋多重結界以區別神域

位於神域與俗界之間的樹木「榊」 Keyword

「榊」又為「紅淡比」，經常出現在神社之中。日本神話裡，這種樹木曾被獻給天照大神作為依代，因此被視為神明降臨的神聖之樹。由於經常矗立於俗界與神域的中間，所以也被視為「邊界之樹」。據說這就是日文名稱「榊」的語源。

打從遠古時期，日本人便深信山、巨岩和樹木等事物是神靈附體的對象，稱為「依代」，而神明會寄宿在依代之中。將依代本身供奉為神加以膜拜祭祀，就是神社的起源。至於現代神社多用鳥居、樓門和外牆將境內包圍，並在其中搭建本殿、拜殿等祭祀建築，這種做法是後來才發展出來的。

奈良的大神神社，是將整座三輪山視為御神體祭祀。《古事記》中記載神明希望能鎮坐於三輪山，因此現在大神神社的境內依然只有拜殿而沒有本殿，相信這應該就是最古老的神社形式。如今的神社是擺出山珍海味，並以巫女的神樂舞誠摯款待神明、恭迎神明大駕的喧鬧空間，然而前身就是如此地樸實無華。

透過遍及四方的結界 不讓汙穢和邪氣逼近

鳥居在成為現在這個形狀之前，其實只是在兩根柱子之間綁上繩子，功用是用來區分神域與俗界。順帶一提，以稻草或麻製成的粗繩和日本的農耕文化緣分極深，因此自古以來便經常用於神事祭祀。

一般常見的「注連繩」也是基於同樣的理由，除了神社裡面一定能看見之外，普通家庭也會用在神龕上，或是當成正月裝飾品。注連繩上會相隔一段固定的距離垂下數根稻草，另一個名稱「七五三繩」就是根據稻草的數量而來。此外只有相撲力士的最高階級才能獲准綁在腰上的「橫綱」，其實也是注連繩的一種。

◆◆◆

設置在神社參拜步道和社殿旁邊的「手水舍」，是讓人在參拜之前洗手漱口淨化自身用的。神道非常忌諱汙穢，原本真正的做法應該是進入海中或河裡進行「禊」儀式淨身，但現在已經精簡化，只需要潔淨雙手和口內即可。

製造出結界的注連繩 History

將神社包圍其中的注連繩，其語源為「占め結う」（結草據之），意思是將特定的區域區分隔離。

神社的御神體

據説有神寄宿其中的神社御神體，除了山和岩石等自然物質之外，人工物質也能成為御神體，例如《古事記》中記載的三種神器。

日本文化認為森羅萬物當中都有神明寄宿。

另外，參拜時進行的二拜二拍手一拜動作，也是一種獻給神明的儀式。拍手原本是用來表現喜悅的動作，可能後來發展成對地位高貴之人表示喜悅的致敬儀式，最後就這麼固定下來。

神社周圍通常都能看到用木頭、石頭搭成的矮柵欄，這道柵欄叫做「玉垣」。「垣」是日文圍牆之意，「玉」則意指神聖而美好的事物。玉垣的作用是區分俗界和神明降臨的神聖場所邊界線，古代常見的做法是種植神聖之樹「榊」，但現在則是以石製柵欄居多，上面刻有捐贈金錢物資給該神社的捐贈者姓名。玉垣可以重複設置，例如伊勢神宮的正殿，周圍就有四道玉垣層層包圍。

Culture

代替神明存在的御神體

被認定有神明寄宿其中的物體就稱為「御神體」。由於神明是肉眼看不見的存在，所以才需要御神體這種可以讓神明依附的物體。每間神社的御神體各有不同，例如伊勢神宮供奉的是八咫鏡，熱田神宮則是草薙劍。最具代表性的物體就是三種神器，也就是鏡、劍和勾玉。此外被稱為御神木的樹木也是一種御神體。這是與神社特別有緣的樹，種類也非常多樣。

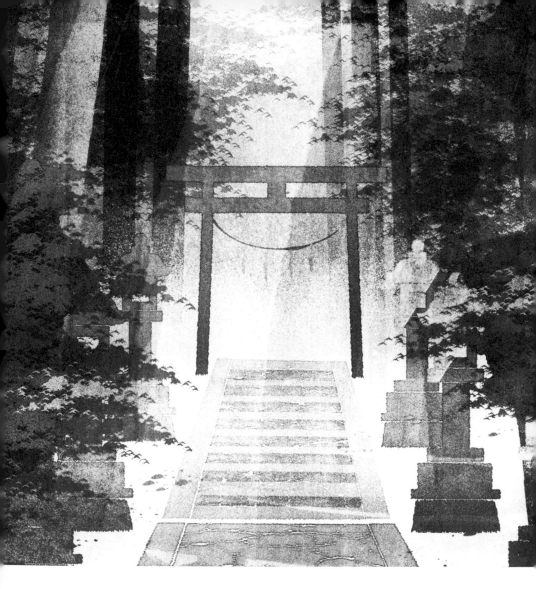

門【門】

隔開俗界與異界的結界

設在神社裡的鳥居以及歷史悠久的門，
都具備有結界的功能。

我們熟悉的異界，就是位在人類所認知的世界之外的另一個世界。異界是我們想像出來的虛構世界，而「邊界」就是異界和我們世

邪魔由此處入侵日常空間，作為邊界線的門

界之間的間隔。「門」也是存在於日常空間當中的一種邊界，人們認為魔就是從該處入侵我們的世界，因此有許多和門相關的遐想，例如有鬼怪等妖怪出沒，以及各種圍繞著妖異的傳說。

在各種隔開異界與現世的門之中，最典型的就是「鳥居」。過去神社還不像現在這樣建造社殿之前，鳥居就已經普遍存在。例如把山或岩石視為御神體的地方就會只建造鳥居，藉此隔開神域與俗界的領域。

鳥居一詞的起源眾說紛紜，不過最為人所知的說法是「有鳥居住＝停枝」。這個說法源自於神話，當初天照大神躲進天岩戶之後，其他神明在岩戶前立下停枝，試圖讓停在上面的鳥類發出鳴叫聲，引誘

鳥居的朱色具有除魔的力量 Keyword

相信所有人應該都看過稻荷神社的朱色鳥居吧。人們認為這種朱色具有除魔的意涵，除了鳥居之外，神社佛閣和宮殿都會使用這個顏色。此外朱色的原料是水銀，所以同時也是木材防腐劑。

天照大神開啟岩戶，藉此將她帶出來。

由於鳥居具有結界的作用，因此穿過鳥居時必須遵守很多儀式動作。首先要站在鳥居之前微微鞠躬，對神明表示敬意。由於鳥居的中央會一直通到神殿最正面，稱為「正中」，這個範圍被認為是神明的通道，因此鞠躬的時候不能站在中間，必須往左右某一側靠過去。離開時同樣必須從鳥居下方走過，然後轉身向正殿行禮。

此外還有規定家中正在服喪的人不可以穿過鳥居，這是為了避免將死亡的穢氣帶進神域之所在。

◆◆◆

守護京城的結界之門周遭都有鬼怪和妖怪聚集

在那個京都還被稱為平安京的時代，曾設置城門作為結界之用，當時興建的羅城門正是京城外牆的正門，只有白天可以進出，傍晚便關閉。這是為了避免鬼怪等妖怪魔物入侵城內。至於京城的中心，也就是政治中樞「大內裏」的正門則叫做朱雀門。朱雀是中國傳說中的神獸，是保衛南方的守護神，故以此命名。

門和鳥居一樣，都是用來防堵異界入侵者闖入的神聖場所。

月岡芳年〈朱雀門之月〉（出自《月百姿》）。畫的是和鬼一起在朱雀門合奏的源博雅。

Culture

與朱雀門之鬼深入交流的吹笛名手源博雅的傳說

朱雀門流傳下來的傳說當中，最有名的就是源博雅和朱雀門之鬼進行交流的故事。內容大致如下：

源博雅在朱雀門前吹笛時，出現另一個吹笛技巧高超的男子。兩人非常投緣，於是經常在朱雀門下相約見面並互相交換笛子，然而源博雅還沒來得及將笛子送回就去世了。

之後，一位名叫淨藏的吹笛名手得到了那支笛子，並在朱雀門前吹奏。結果城門上方傳來聲音說「果然是此世無緣再現之逸品」，這時眾人才知道此笛其實是鬼的所有物。

通往另一個世界的橋樑

橋

【橋】

橋是可以來往此世與他世的特別空間，過去深受世人畏懼。

過了橋之後就會抵達死後的世界？

傳說死去的人會在渡過三途之川後抵達死後的世界。由此可知，以前的人們認為現實和異界之間，有一塊無法輕易通過的空間存在。

至於現實中的橋樑，都是為了讓兩岸往來更便利而橫跨在河川或深谷之上，但也因為如此，多了一份神祕的感覺。

橋面這個部分正是不屬於雙方的地方，不算另一個世界，也不算我們的世界。有許多故事講述橋上出現幽靈或妖怪，甚至有部分地區會在「節分」節日裡，在橋頭進行擊退鬼怪的撒豆活動。

此外，橋上自古以來也是庶民自由活動的場所，經常開辦市集、進行占卜（橋占）和舞蹈等活動。可能是因為橋上濃厚的異界氣氛，讓來自極權的嚴格監視變得鬆散也說不定。

安倍晴明讓自己的式神住在橋下？

Keyword

以陰陽師身分活躍於平安時代的安倍晴明，據說曾把「式神」這種鬼當成家臣使喚，然而晴明的妻子畏懼式神，因此就讓它們住在橋下。也有其他故事提到這些式神會在橋下進行橋占。

〈橋姬〉鳥山石燕（出自《今昔畫圖續百鬼》）

Culture

相傳曾有死者在此復活的一条戻橋

位在京都的一条戻橋，是西元七九四年建造平安京時設置的橋樑，以「死者復活的橋樑」之名廣為人知。傳說西元九一八年有一送喪隊伍經過此橋，才走下橋就發現棺材裡面的死者復活，相關傳承也大多是從這個傳說而來。自此一条戻橋成為連接此世與他世的橋樑，直到現在都還有婚禮前的女性不可以通過此橋的習俗留存。

現世與未來交錯的地方

十字路

【辻】

兩條道路交叉的十字路口，被視為現世和來世的交會地。

所謂「辻」，指的是十字路口或是丁字路口。這個字是用漢字表示道路的「辶」和「十」組合而成，是日本創造出來的漢字。

以前的人將互相交錯的兩條道路視為現世和來世的交會地，認為該處有通稱為「辻神」的魔物或妖怪棲息。中國有個習俗是在十字路口放置驅魔用石碑「石敢當」，而這個習俗同樣也流傳至日本。以沖繩、鹿兒島為中心，至今依然能在全日本各地發現類似的石碑。供奉在村落對外聯繫道路上，用來阻擋邪氣沿路入侵的「道祖神」也是同樣的作用。

此外還有一種最早可追溯至萬葉集時代的占卜方式，名為「辻占」，是透過穿梭於十字路口的人所說的話還有前進方位等動作占卜吉凶。這和「橋占」（參照前述）一樣，也是因為「辻」是現世與異界的邊界才誕生出來的概念。

十字路口容易棲息魔物

國府台天滿宮的「辻切」儀式 History

每年一月十七日，千葉縣市川市的國府台天滿宮都會在境內舉行民俗儀式「辻切」。這是自古流傳下來的習俗，主要是用靈力切斷村莊出入口四個角落的十字路，以防止惡靈進入村莊。同時還會用注連繩做成大蛇的形狀，纏繞在四個角落的樹上。

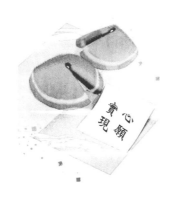

辻最有名的魔界景點就是京都的「六道之辻」。這一帶現在依然流傳著許多和冥界有關的傳說，其中最有名的傳說則是「幽靈子育飴」。

很久很久以前，有間位在六道之辻的飴糖店，每天晚上都會有個女人前來買飴糖。因為對方的臉色極差，心中起疑的店老闆決定跟在她後面看看，結果那個女人消失在鳥邊野的墳墓附近。由於當時墳墓裡傳出嬰兒的哭聲，於是店老闆隔天開挖墳墓查看，發現裡面有個含著飴糖的嬰兒。原來那個女人是幽靈，在懷孕途中死亡並土葬，為了在墳墓裡撫養嬰兒才每天前來買糖。據說飴糖店老闆撫養那名嬰兒到八歲，後來孩子出家當了和尚。那間飴糖店現在還有營業，可以吃到當時那位女幽靈購買的飴糖。

Culture

京都的冥界入口「六道之辻」

京都的「六道之辻」，名稱中的「六道」是指佛教所說的六個世界（注20）。這附近有一片叫做「鳥邊野」的墓地，被認為是僧侶將死者靈魂送往冥界的出入口。六道珍皇寺建在六道之辻旁，寺內有一座據說是平安時代初期的公卿小野篁，為了前往冥界而打通的井，傳說小野篁白天在俗界任官，晚上則是在冥界輔佐閻魔大王。

神與妖怪共存的場所

水邊

【水辺】

近在我們生活周遭的水邊，
擁有河童、水神和各種傳說流傳至今。

水邊帶來的恩惠與威脅，創造出妖怪與妖異

水是我們生活當中不可或缺的必備之物。人在活著的這段期間到底從水獲得了多少恩澤，我們完全無法估計。

另一方面，當水遇上颱風、地震等天災時就會轉而襲擊人類，甚至造成死傷。水邊——這種讓生與死表裡合一的地方，往往都會流傳各式各樣的妖異故事。換言之，水邊對我們來說就是一種伸手可及的生死邊界線。

儘管全國各地都有流傳和水邊相關的傳說和妖異，不過說到水邊最有名的妖怪，絕對非河童（kappa）莫屬。這個稱呼的由來眾說紛紜，不過一般認為是將河（kawa）和童（wappa）組合而成的「kawa wappa」轉化而來。據說河童會引發比較小規模的水災。儘管對當事人來說，自己的孩子或家畜溺水或被水沖走是件嚴重的事，但實際上的災害規模並不會大到遍及整個村落。

現身於水邊的妖怪「川姬」

History

九州地區流傳著許多關於妖怪「川姬」的傳說。川姬是以美貌女性的型態出現在水邊的妖怪，會吸收人類的精氣。福岡縣一帶認為要是看到川姬現身，只要低下頭屏住呼吸，就能從災禍當中脫身。

河川等地的水邊會有祭祀水神的地方，祂們是水道和堤防的守護神。日本農業是以水田稻作為中心，而水是讓作物得以豐收的重要關鍵，所以和田地之神有著密不可分的聯繫。

此外水神的形象大多是蛇或者龍。由於充滿濕氣的田間和沼澤經常可見許多蛇類棲息，因而讓蛇與水形成了非常密切的關係。自古以來，蛇類就因為脫皮還有從冬眠狀態再次復甦活動的形象，成了「長生不老」、「死與重生」的象徵而受人膜拜。因為這些理由，蛇成為人們敬畏不已的事物，讓水神信仰變得更加根深蒂固。至於龍則是將蛇神格化之後的結果。

Culture

水龍頭「蛇口」一詞的來源與水神有關

水龍頭是讓自來水管裡的水流出來的地方，日文叫做「蛇口」。這個詞的來源可以追溯到明治時期。明治二十年，日本從國外引入自來水系統，當時使用的是英國製品，水龍頭零件的外型是歐洲的水神獅子。

後來日本開始自行製作零件，由於剛開始選用的形象是龍，所以被稱為「龍口」，但因為日文發音太拗口的關係，這個名稱並沒有普及。後來則以「幻想中的龍的前身是蛇」為由，將共用栓（公共飲水處的水栓）命名為「蛇體鐵柱式共用栓」，而「蛇體鐵柱式共用栓的出水口」就被簡稱為蛇口。

日常生活當中隨處可見的水龍頭，其日文名稱其實是源自於日本的水神象徵蛇和龍。

設置在家中的結界和驅魔物

宅邸

【屋敷】

日式宅邸裡遍布各式各樣的結界，
人們供奉禦魔的神明守護自家。

日式宅邸有許多關於「敷居」（紙拉門的底部軌道）的規定和恐怖傳說，相信大家應該都有聽說過，例如「不可以踩到敷居」、「拿敷居當枕頭就會出現幽靈」之類的規定或迷信。

一般認為敷居是用來區隔內外的結界。以前的日式宅邸，屋主的房間和客人進出的房間等都會做出明確的區隔，而敷居的作用正是空間上的邊界線。踩踏敷居的行為會擾亂家中的格式和秩序，等同於踐踏雙親和祖先。榻榻米的邊緣線也承襲了同樣的概念，而且負責區隔邊界的部分通常是邪氣容易入侵的地方，比較不穩定，所以要盡量避免直接接觸。

此外，日式宅邸裡還有一個十分接近異界的空間，那就是廁所。以前的人認為廁所和異界相連，理由則是因為廁所的主要功用是排泄，被視為汙穢不淨的地方。

廁所是具有異界性質的特殊空間，相關傳承五花八門

守護家宅的除魔物「鬼瓦」 Culture

放在屋脊末端，上面刻有鬼臉或「水」等文字的裝飾品，稱為「鬼瓦」。這是一種驅魔物品，源自於「利用恐怖的東西趕走魔物，保護自己」的概念。

家中的結界

宅邸裡有許多結界，例如祭祀神明或祖先的地方，以及具有結界作用的敷居和榻榻米邊緣線等等。

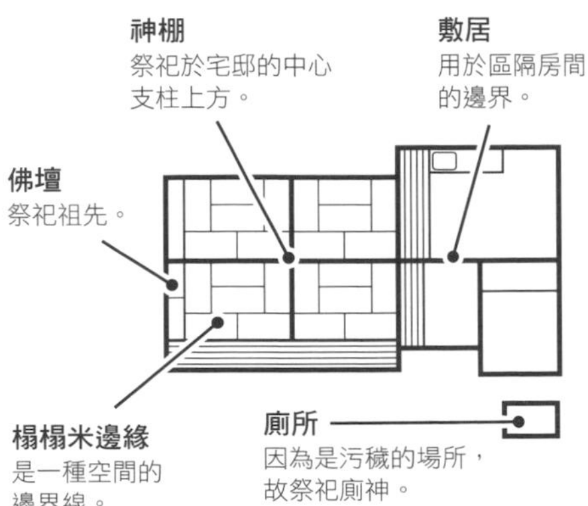
神棚
祭祀於宅邸的中心支柱上方。
敷居
用於區隔房間的邊界。
佛壇
祭祀祖先。
榻榻米邊緣
是一種空間的邊界線。
廁所
因為是污穢的場所，故祭祀廁神。

例如「不可以在廁所裡跌倒」、「在廁所跌倒就會死」之類的禁忌和迷信數量極多，每個地方也都有各式各樣的傳承。

此外，廁所裡其實還有名為廁神的神明存在，傳說是位喜歡乾淨的女神，守護人們遠離汙穢。順帶一提，全日本各地都有流傳孕婦只要打掃廁所就能產下漂亮的孩子之類的傳承。

廁神同時也是守護兒童生命的神明。以前的人會在嬰兒出生七天之後，抱著嬰兒前往廁所和廁神打招呼，這個儀式叫做「雪隱（廁所）參拜」。另有一說是完成雪隱參拜的嬰兒，長大後會成為美人。由此可見，廁所確實是和異界有著強大聯繫的空間。

Culture

神明也會降臨在家中

祭祀氏神的位置不只侷限於神棚，家裡其實還有許多神明會守護住家。例如火神火之迦具土神可守護住宅免於祝融之災，故供奉於廚房。灶神三寶荒神也同樣是祭祀在廚房裡的神明。大黑天是保佑五穀豐收和商業繁盛的神明，通常都鎮座在住宅的中心支柱上方。

天之水分神是掌管水與農耕之神，也是育兒之神，據說會守護浴室等用水的地方。

東北到西南是鬼的通行方向

方位

【方角】

一般人視鬼門為不吉利的方位。
在此探討東北方遭人厭惡忌諱的由來。

從東北到西南的一直線是妖鬼通行的不吉方位

以前的方位，是用干支的數量等分三百六十度，並用干支的名稱加以稱呼。北方是「子」，之後以順時針方向分為「丑、寅、卯(東)、辰、巳」；南方為「午」，後接「未、申、酉(西)、戌、亥」。

平安時代最為盛行的陰陽五行學說將東北方「丑寅(艮)」稱為「鬼門」，認為這個方位是妖鬼出入之門，非常不吉利。

眾說紛紜的鬼門起源

Keyword

有一說認為鬼門的起源是出自中國古書《山海經》當中的故事。某座山的山頂上有一棵桃樹，其枝枒的東北方有許多妖鬼進出，因而誕生出鬼門一詞。這個故事後來傳入日本，正好和陰陽道視丑寅（東北）方位為不吉的想法不謀而合，於是東北＝鬼門的說法便固定下來。

為何東北方會成為鬼門，相關推論很多，不過最有可能和古代中國的曆法有關。中國古代天文學將天體分為二十八個星座，稱為二十八宿，其中一宿就是「鬼宿」。鬼宿指的是現代星座的巨蟹座，當時的人們看見中央呈現藍白色雲朵狀的星團（鬼宿星團），覺得那和屍體身上出現的鬼火之光極為相似，於是就用鬼＝死者的住所命名

在鬼門方位放置驅魔物品，並在住宅的空間配置中大量融入除鬼門的設計

之。這個概念和陰陽五行學說、佛教相結合，傳到日本之後便以「鬼門」概念逐漸普及。

◆◆◆

將東北方位視為妖鬼通道而深感忌諱的人，應變對策通常是在該方位放置靈力強大的物品，或者是避免放置不吉利的東西。

例如興建房屋的時候，井戶、廁所、浴室等設施都不會設在鬼門方位上。屋頂上設置驅魔用鬼瓦，並將神明請來家中供奉。

平安京也同樣讓位在東北方位的比叡山延曆寺擔起鎮守的職責。

鬼門的對角「裏鬼門」南西方位，被認為是妖鬼脫逃的方向。從平安京的角度來看，這個方位正好是和伊勢神宮、賀茂社並稱為日本三社的「石清水八幡宮」。這座神宮被視為守衛裏鬼門的鎮守王城之神，與延曆寺一

武家會故意挑戰鬼門 History

進入近代後，據說有許多武家把茅廁（廁所）設置在城池的鬼門位置，也有不少可能是為了誇耀自身的勇猛，而故意設置在裏鬼門的例子。

鬼門的方位

陰陽五行學說中將東北方稱為鬼門，是讓人忌諱的方位。因為是妖鬼通行的出入口，據說鬼都是從這個方位而來。

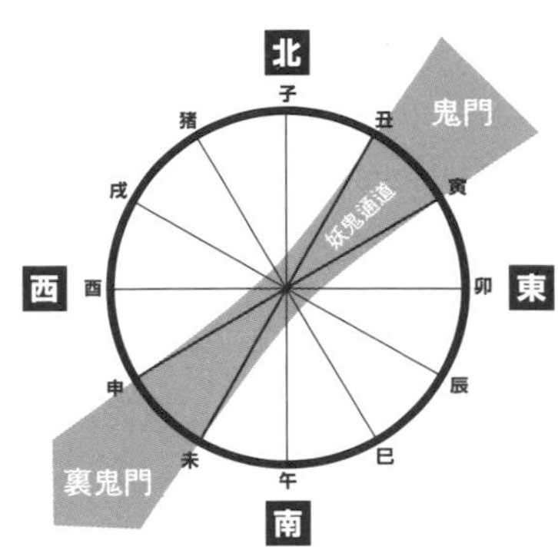

裏鬼門是妖鬼的出口，
和鬼門一樣是讓人忌諱的方位。

樣備受當時朝廷尊崇。平安京就是這樣佈下了能夠防禦整座城市不受魔物侵擾的結界。即使到現代，還是有人會在意鬼門和裏鬼門的方位，因而避免將住宅玄關還有廚房、廁所和浴室等需要用水的地方設置在東北方位，也有很多住宅和大樓會在東北角祭祀守護住家和土地的屋敷神（類似地基主）。

　相信應該有很多人聽過「頭朝北睡會帶來惡運」這個說法吧？起源來自一幅畫出釋迦死去（圓寂）時情境的「涅槃圖」。圖中釋迦的「頭北面西右側臥」的動作，正是頭頂朝北、臉面向西邊躺著。因此頭朝北睡會讓人聯想到死亡，被視為不吉利的行為。

　現代佛教的守靈夜和葬禮有規定亡者的頭部必須朝北安置，也是出自同一個起源。

Culture

只要切掉東北方位鬼門就會消失

鬼門信仰普及後，隨之而來的就是各種不同形式的除鬼門對策。其中就有一個是將位在東北方位的角落切除，讓鬼門消失。例如京都御所，就是讓四個角落中位在鬼門方位的那個角落凹進去，去除尖角。此外屋頂下方也有擺設比叡山鎮守神的使者猴子的神像，作為防禦措施。

誕生出怪異的時間邊界線

時刻

【時刻】

傍晚天色微暗的時候，
就是白天切換成夜晚的魔物時段。

妖怪和魔物開始蠢蠢欲動的日沒時分「逢魔時刻」

妖怪會在「夜晚」時刻現身 Underworld

入夜後周遭一片黑暗，白晝的日常空間轉瞬間化為黑暗的世界，也就是說，夜晚成了非日常空間，妖怪和魔物潛伏其中。

除了空間之外，人們從古代就有意識到時間的區隔，例如季節、年月日、時刻等都有邊界存在。也因為如此，日本終年都有各種例行活動。

「逢魔時刻」（逢魔が時）是不吉利時段的最著名代表，指的是日落之後開始逐漸變暗的傍晚時分。由於以前的一天主要被分為白天跟晚上，所以白天逐漸轉換成夜晚的傍晚，就是時間與時間的邊界線，妖怪和魔物就是從這個時段入侵而來。

此外還有一個用來指稱同一個時段的詞，叫做「大禍時」，意思是會發生壞事的不吉利時刻。有一說認為這個詞就是逢魔時刻的語源（注21）。

其他還有「黃昏」（tasogare）這個詞，指的同樣是傍晚時段。當天色漸暗，因為看不清楚別人的臉而詢問「誰そ彼（tasokare）」＝「那是誰？」，最後就變成了黃昏一詞的起源。

靈界之門會在丑時開啟，此時正是魑魅魍魎開始行動的魔之時刻

以詛咒儀式聞名的「丑時參拜」——丑時指的是凌晨一點到三點之間。這個詛咒儀式就是選在這個時段把詛咒對象的稻草人帶進神社，用五吋釘釘在神社的神木上，進行詛咒。

丑時之所以被當成不吉利的時段，其實跟陰陽道的十二地支鬼門有關。鬼門就是東北方位，自古以來都被視為妖鬼出入的方位。由於以前是根據十二地支，以兩小時間隔將一天分成十二個時段，於是代表鬼門方位的丑寅之時，也隨之成為不吉利的時段。

「丑時三刻」也被認為是幽靈出沒的時刻。把配合干支等分出來的一時（兩小時）再細分成四等份，稱為「一刻」、「二刻」、「三刻」、「四刻」，每一刻三十分鐘。至於大家耳熟能詳的「丑時三刻」就是丑時第三刻的意思，如果丑時是凌晨一點到三點的話，丑時三刻就是凌晨兩點到兩點半。

這個時段正是妖魔鬼怪前來造訪的詭異時間，所以人們才會如此恐懼。

丑時三刻不可以將鏡子正面相對 History

過去認為若是在丑時三刻將兩面鏡子互相對照，不應存在於此世的東西就會闖過來。

鳥山石燕〈逢魔時〉（出自《今昔畫圖續百鬼》）

Culture

與丑時參拜淵源極深的京都貴船神社

相傳京都貴船神社的貴船明神曾在「丑年丑月丑日丑時」降臨於神社之中，因此只要在丑時前往參拜，願望就會實現。

原本只是為了幫人心想事成，但丑時與鬼門的緊密關係讓人產生不吉利的想法，最後就變成了施行詛咒儀式的時間。

靈魂最後抵達的死後世界

他界

【他界】

死後的世界包羅萬象。

在此透過山、海和宗教來解讀他界的概念。

人們的靈魂，會前往山中或海上的另一個遙遠世界

如同日文用來表示某人死亡的說法「前往他界」，人們從以前就認為人死之後會前往另一個世界。而且不論古今中外，類似的生死觀念在全世界都有各自不同的解讀。

在日本還存在有原始信仰的時候，基本上都把他界設定在兩個地方：山中和海上。前者稱為山中他界觀，認為死者的靈魂會停留在附近的山中。住在山腳下的人們則是將生活地點和靈魂逗留的山中做出區隔，透過正月和盂蘭盆節等例行活動，祈禱祂們能用靈力守護家族。此外有靈魂寄宿的山會被稱為靈山，備受眾人崇敬。

將大海視為他界的概念則稱為海上他界觀，這一派認為人死之後的靈魂會前往大海遠方的另一個世界，一年當中只有特定時期才會回來。

以「補陀落」為目標啟航的「補陀落渡海」 History

補陀落是位在南方海域盡頭的淨土。補陀落渡海就是趁自己活著的時候坐進桶棺製成的小船，朝佛教世界縱身而去的捨身行為。直到沉沒之前一直蹲坐在密閉昏暗的空間裡持續誦經，祈禱死後能夠轉世到佛教淨土。

日本神話當中的黃泉世界，以及佛教的輪迴轉生、極樂淨土世界

日本神話當中有篇故事描寫了死者居住的世界，名為「黃泉」。故事內容說的是生出日本國和眾多神明的兩大神明——伊邪那岐、伊邪那美夫婦互相訣別的經過。

妻子伊邪那美產下火神的時候，受了嚴重的燒傷而死。丈夫伊邪那岐為了把在黃泉之國的妻子帶回來，於是前往黃泉，但伊邪那美已經吃下黃泉的食物，所以沒辦法回來。

伊邪那美要求丈夫絕對不可以看自己，但伊邪那岐卻用梳子點起火光，看見了妻子的身影。她全身上下都爬滿了蛆蟲和膿水，變得醜陋不堪。超乎想像的恐懼，讓伊邪那岐直接逃跑。被人看見自己模樣而狂怒的伊邪那美也在丈夫身後緊追不捨。最後伊邪那岐用一塊巨大的岩石堵住黃泉的入口，回到現世。

如同故事內容的描寫，仍是活人的伊邪那岐前往黃泉之國，就表示現世世界和死者之國黃泉是連繫在一起的。另外伊邪那美在黃泉吃了東西，也能從此看出黃泉裡的死者也會做出和現世相同的行動。伊邪那美的醜陋外表顯示她已是死者，堵住黃泉出入口的行動則代表了忌諱死亡，也就是認定「死＝汙穢」。

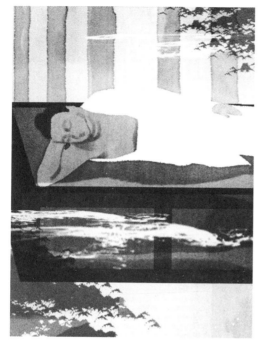

西元六世紀中葉佛教傳入日本，同時也帶來一個全新的死後世界。佛教認為死後的世界共有「六道」，分別為天道、人間道、修羅道、畜生道、餓鬼道和地獄道六個目的地（六道輪迴），以及不屬於這些輪迴的極樂世界。人在死後四十九天前往另一個世界的途中（冥途），就會依照生前的行動決定目的地是六道或是極樂。

不同派別對於極樂淨土世界各有不同的解釋，一般來說是以淨土宗最為有名。根據《淨土三部經》中的《佛說阿彌陀經》，極樂淨土是由黃金大地和無數的寶藏裝飾而成的清淨世界，阿彌陀佛就居住於其中。

Culture

《十王經》所描述的死後四十九天當中的審查內容

佛教經典之一《十王經》當中詳細描述了死後四十九天前往死後世界的完整路線。首先搭上渡船渡過三途之川，朝著對岸的極樂世界前進。

抵達對岸後，會先有一位負責脫光死者衣物，名為脫衣婆的老婦進行審查，如果生前作惡，衣服就會被脫掉。平安通過這一關之後，十王的審查才會正式開始。十位大王將會陸續出現，依序是泰廣王、初江王、宋帝王、五官王、閻魔大王、變成王、泰山王、平等王、都市王、五道轉輪王，然後開始依照順序進行審查。如此持續一段漫長的旅途之後，就會在第四十九天決定死者將前往六道或是前往極樂。這就是大致流程。

Column 1

複合交錯混合而成的異界世界觀

寺廟和神社本身就具備了結界的功能，可避免妖怪、怪物等異界居民入侵。

這樣的思考方式不只存在於佛教和神道，連所謂的陰陽道都有同樣的教誨。陰陽道的基礎是奠定在西元前三千多年的中國古

讓人聯想到異界的思想與宗教都奠基在中國的陰陽五行學說之上

代陰陽學說和五行學說之上。

陰陽學說認為世間萬物皆分陰陽，兩者永遠維持平衡。五行學說則認為萬物全由木、火、土、金、水所構成。將這兩種學說融合，就是我們熟悉的陰陽五行學說。

由於萬物總是持續變化，人們的生活也因此隨之變動，於是便從「預測變化」這層意義上，運用陰陽五行學說發展出占卜。這類占卜和日期、方位息息相關，例如「這個日子不吉利所以不可以外出」、「這個方位的運勢不好，所以不可以靠近」等，讓人輕易聯想到異界。

此外，陰陽道除了陰陽五行學說之外，還混雜了據說能夠實現長生不老的中國道教思想，以及從印度傳入中國，使用各種神祕儀式和咒文的密教等，最後形成了獨特的思想學說。

而且陰陽道也融合了日本獨自發展出來的山岳信仰和修驗道。

陰陽師安倍晴明除了占卜吉凶、祈禱病癒之外，也會進行封印物怪的儀式。

順帶一提，為陰陽道發展貢獻良多的頭號人物，就是鼎鼎大名的陰陽師安倍晴明。晴明是真實存在的人物，曾在歷史書《大鏡》（注22）和故事集《今昔物語集》（注23）當中登場，是將土御門流派的陰陽道集大成的人物。

此外，在當時的律令制度下，中務省設置了名為陰陽寮的公務員組織，由晴明和另一派公認為陰陽道始祖的加茂一族獨占管理。第一個施行咒術行為的人也是晴明，要說他是談到異界時一定會提起的人物，真的一點都不為過。

不過，佛教和神道也同樣認為我們的世界之外還有另一個世界，這種想法絕對不是陰陽道獨有的。更正確地說，「異界」這種世界觀不能光從某種思想、某個宗教的角度去看，而是把所有的一切都錯綜複雜地交錯在一起觀察。

雖然佛教是在飛鳥時代傳進日本，但是到了平安時代，佛教與神道已經混合在一起，稱為神佛混淆。此時再加入獨自發展完成的陰陽道思想，各方面都互有影響。相信這應該是最適當的解釋方式。

MEMO

在現代，陰陽師很容易被人想成是擊退妖怪的職業。不過他們其實有相當精深的天文學造詣，也有進行編修曆法、預報氣象等工作，並使用所謂的水鐘進行時間管理。

第二章 事物、生活與異界

從我們生活的日常社會當中，
挑出與異界密切相關的規定和文化加以介紹。
平日不經意說出來的話語，還有經常映入眼簾的顏色和形狀，
其實都包含了咒術相關的意涵。

言詞

動作

左右和符號

女子

身體

遊戲

動物

職業

顏色

聲音

香氣

由口中而出，帶有靈力

言詞

【言葉】

自古以來人們就認為言詞自帶靈魂，
因此發展出「言靈」信仰。

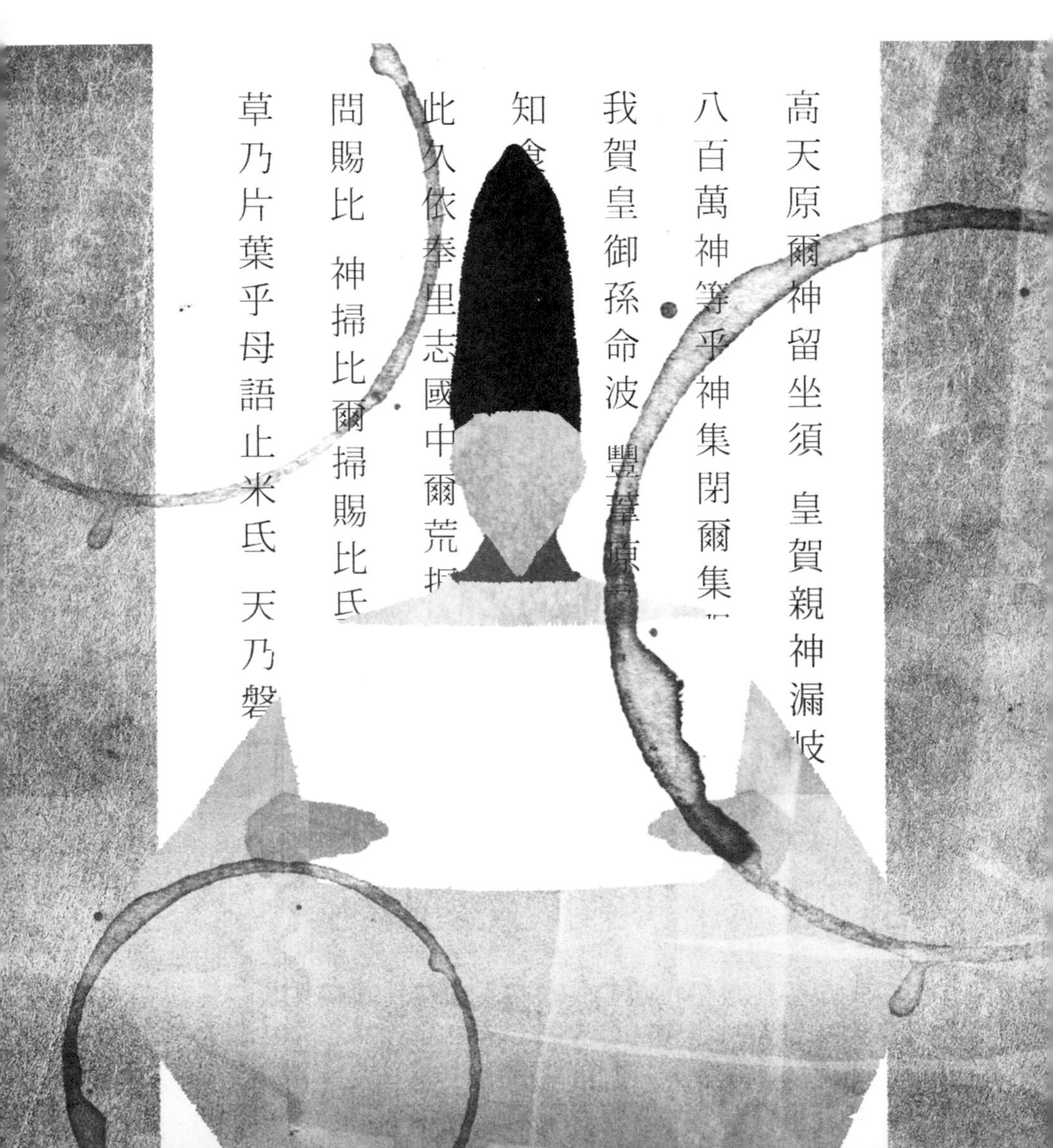

高天原爾神留坐須 皇賀親神漏岐
八百萬神等乎神集閉爾集
我賀皇御孫命波 豐葦
知
此久依奉里志國中爾荒
問賜比 神掃比爾掃賜比
草乃片葉乎母語止米氏 天乃磐

言詞擁有靈力，人們都畏懼言詞所喚來的災禍

日本人自古以來就深信「寄宿在言詞當中的靈力＝言靈」。最簡易的解釋就是只要說出好事就會發生好事，說出壞事就會發生壞事。在這種情況下，日文的「事」（koto）和「言」（koto）是互通的，兩者互相產生影響。這就是言靈的基礎思想。

這個想法，讓許多禁忌詞彙、禁忌數字等習俗一直承襲到今日。例如結婚典禮上，司儀在推動儀式進行時會小心避開「切斷、分別、結束」等言詞，宴客結束時則會改說「散會」（お開き）。還有旅館的房間號碼會跳掉「4」（死）和「9」（苦）兩個數字，車牌也不會發放「42」（死去）、「49」（死苦）這串數字（注24），除非有特別要求。

詛咒的最後一句「急急如律令」是什麼意思？

History

經常出現在符咒上的文言文「急急如律令」，意思是「如同律令（法律）般即刻施行」，同時也擁有「服從命令」的意涵。原本是中國用在行政文書上的固定用語，傳入日本後，就變成了放在詛咒最後的決定性咒文。

日常生活當中也會把「梨」（無し）改說成「有之實」（有の実），或是把「研磨缽」（磨り＝消耗殆盡）說成「碾碎缽」（あたり缽），類似例子隨處可見。

◆◆◆

包含最大程度言靈之力的話語，首先第一個想到的，應該就是在祭神儀式中上奏神明的「祝詞」。祝詞內容包含了神明的尊稱、祭祀的由來、對神德的讚揚，以及祈願的主旨等，用一種混合了漢字和萬葉假名的

言詞的靈力甚至可以化為魔術或詛咒

獨特方式「宣命體」書寫，並由神職人員負責朗誦。這種文體是為了防止念錯而設計出來的，直到今日依然有在使用。

日本人把禮物交給對方時，會習慣性地加上一句話「つまらないものですが」（小東西不成敬意），或者是用「愚息」（犬子）、「豚兒」（不成材）等方式稱呼自己的兒子。有專家指出，這些確實都是表示謙遜的用語，但同時也模糊了真正重要的意涵，所以聽到這些話語的妖魔或邪氣不會試圖附身或是強搶，簡單來說就是一種警戒預防對策。

日文「拝啓」「敬具」等用語來自於祝詞 History

書寫正式書信時所使用的「拝啓」（敬啟者）、「敬具」（謹啟）等用語，據說原本都是向神佛祈禱時所使用的祝詞用語。

其他還有像是招呼用語「いってらっしゃい」（小心慢走），有一說認為這個詞是用「いって」（去）和「いらっしゃい」（來）兩個字結合而成，其中含有希望對方平安歸來的咒語要素。由此可見即使是隨口說出來的一句話，人們在使用時也會意識到言靈的存在。

因為日本人認為言詞自帶靈力，所以發展出了日本獨有的咒文文化。例如日本現存最古老的寫有詛咒文字的木片，是一片上面寫了「蘇民將來」的木簡，來自西元八世紀後半。這串文字是在蘇民將來傳說（詳見第三章「夏越之祓」）中登場的神明之名，擁有預防災厄之意，而且這個信仰至今依然存在。

忌諱語

所謂忌諱語，就是為了避開不吉利的意義或聯想而使用的字詞。特定的地點和領域都有存在各種不同的忌諱語。

又鬼（MATAGI）（注25）語

獵人在山裡用來避諱的語詞。

- 熊→イタツ（Itatsu）
- 米→クサノミ（Kusanomi）
- 捕獲→タタグ（Tatagu）
- 酒→ワッカ（Wakka）
- 雪崩→ワンバ（Wanba）
- 飯糰→アモ（Amo）

沖語

漁夫在海上用來避諱的語詞。

- 沙丁魚→コマモノ（小的）
- 蛇→ながもの（長的）
- 鯨魚→エビス（惠比須）
- 鱒魚→ナツモノ（夏天的）
- 熊→山の人（山裡的人）
- 狐狸→イナリ（稻荷）

伊勢齋宮

在伊勢神宮內流傳的禁忌語。

- 佛→中子
- 寺廟→瓦葺
- 僧人→髮長
- 尼姑→女髮長
- 死→奈保留
- 血→阿世

Culture

日本人之所以不愛說話是因為不想要「發言」？

有許多人認為日本人的特質之一就是不愛講話，然而這其實和言靈信仰有關，因為過去曾有過畏懼「言挙げ」（發言），也就是害怕說出話語、表達意志的文化。日本神話裡就有個故事是描述某個神明因為做出了錯誤的「發言」而死，由此可證明日本人自古以來就認為言詞不正確會危及生命。這是日本獨有的價值觀，同時也和日本人的習慣一脈相連。

保護自己遠離穢氣與邪祟

動作【しぐさ】

為了從魔物手中保護自己，
人們透過各式各樣的動作祛除邪氣。

我們所做出的各種動作當中，有一部分包含了類似咒術的意義，可以抵禦邪魔。

「えんがちょ」是讓穢氣無法轉移的古傳習俗

吹氣這個動作所包含的靈力 Keyword

有人認為吹氣這個動作其實包含了咒術意涵。例如日本人會一邊說「痛痛、痛痛、通通飛走吧！」一邊朝著傷口吹氣，其實就是一種小符咒。這個想法源自於氣息是透過生命必須的「呼吸」而來，所以擁有吹走災厄的力量。

例如有個習俗是看到靈車時必須把大拇指藏起來。據傳如果不這麼做，將來就會「見不到父母親臨終前最後一面」。這個想法的起源是因為自古以來日本人便相信靈魂是從拇指進出，為了不讓死者的靈魂進入自己身體裡，所以才要藏起拇指。

另一個相當有名的動作則是「えんがちょ」（engacho），實際做法五花八門，不過基本做法應該是用雙手的拇指和食指連成一個圓形，然後一邊說出「えんがちょ」（切斷惡緣），一邊從中央切斷連結，如此一來「汙穢」就不會轉移到其他地方。據說這個動作從平安時代就有，例如《平治物語》的繪卷裡，展示藤原信西首級的遊行隊伍旁邊，就有圍觀群眾將食指和中指交錯做出了十字型

的手勢，旁邊還有其他人用袖子遮住口鼻。這兩種都是保護自己不受死者的穢氣和邪祟侵擾的動作。

像這樣用手指做出十字手勢或是比出圓形，藉此對抗妖魔邪氣的方法，相信和密教的「印」也有互通之處。

繫在薙刀上面的藤原通憲（信西）首級，以及看了這一幕，試圖抵擋穢氣的人們（平治物語繪卷．信西卷）。

◆◆◆

從手指和手指之間窺探異世界，能夠看穿魔物的「狐之窗」

另一個使用手指的著名咒術就是「狐之窗」。傳說只要將雙手手指疊合起來，從中間的細縫看出去，就能看破狐狸變身成人類的伎倆。手指的疊合方式非常多樣化，有些更是複雜異常，不過民俗學者柳田國男曾在自己的著

彈指動作也是一種咒術 Keyword

「彈指」是密教驅魔的方法之一。將食指指甲抵在大拇指的指腹，製造出彈撥的聲音，據說這個動作有祛除災禍的意思。

「狐之窗」的作法

將雙手疊合之後，就能從縫隙當中看見狐狸嫁女兒，或是看穿狐火的真面目等，相關傳承數量極多。

①雙手手指同時做出狐狸頭部的形狀。

②讓左右手的小指和食指兩兩靠在一起。

③把原本彎曲的中指和無名指打直。

④把左手拇指放在中指和無名指的上面，右手拇指則繞到後面。

作《兒童風土記》（こども風土記）當中介紹了最簡單的疊合方法：「用食指和拇指圈出一個圓」（狐狸遊戲）。這跟「えんがちょ」一樣，都能視為手指動作和異界有著深遠關係的實例。

還有另一個相當普及，不過近年變得比較少見的動作，就是在許下約定時的「勾手指拳萬」。所謂「拳萬」跟接在後面的下一句話「吞一千根針」一樣，都是說謊或破壞約定時必須接受的懲罰，意思是用拳頭毆打一萬次。

此外還有人說，兩人互勾手指的時候，之所以會用力搖晃彼此的手，其實是用來取悅神明的「魂振」儀式，簡單來說就是類似祭典上大力搖晃神轎的動作。

Culture

「切」九字的動作

「九字」是一種相當有名的咒術施行方式，最普遍的做法是口中吟唱「臨兵鬪者皆陣列在前」九個字，同時用手一個一個地結印。此外還有經過簡化的早九字，只要做出用手切畫十字的動作即可。這時修行者會將中指和食指立起，用雙手結出所謂的「刀印」。

刀印如文字所示，就是刀的象徵，可以斬除空間當中的魔物。據說活躍於戰國時代的忍者們也會做出類似的動作。

趨吉避凶，祛除魔物

左右和符號

【左右と形】

許多事物的位置和形狀
都隱藏著咒術性的作用。

根據陰陽五行學說誕生出關於左右的文化

自古以來，上下左右所有方向都被賦予了優劣、陰陽等各式各樣的涵義。上下代表天地，所以比較好理解，但左右的處置方式就變得比較複雜一點。

京都府分為左京區和右京區，若是將北方置於上方，感覺東側應該會是「右」，但實際上並不是這麼回事。東側其實是左京區，西側則是右京區。這個方位是來自於中國的習俗「天子坐北朝南」，所以當天皇面向南方時，右手邊會是西方，而左手邊則是東方。

順帶一提，左大臣的地位高於右大臣。在擺設女兒節人偶的時候，左大臣會擺在天皇角度的左手邊，也就是我們的右側。

和服的穿法也是，正常穿法應該是「右前」（衣領左襟在上），左前穿法只有壽衣才會採用，所以非常不吉利。先穿右

套餐把飯放左邊、湯放右邊的理由 Keyword

日本在擺放餐點時，都會把飯放左邊，湯放右邊。這是因為米被視為生命泉源之神的「依代」，是非常崇高的食物，而陰陽五行學說認為左邊代表陽，地位較高，於是便出現了把飯放在左邊的放法。

襟、再穿左襟的穿法是第四十四代元正天皇決定的，這個習慣從奈良時代一直延續到現在，已經持續了一千四百多年。

◆◆◆

能夠袪除魔物，或是當成結界進行封印的咒術性符號

只要看過畫在土器上的幾何學花紋，還有圓墳、方墳、前方後圓墳等古墳的形狀，應該就能了解圖形和符號早在遠古時期就已經是人們表情達意的手段。

舉個例子，「×」這個符號據說是用來封鎖和異界的往來，它擁有這層涵義。另外先前在十字路章節也有提到，「十字」就是讓人聯想到現世與異界交錯的符號。

過去會在祭拜用道具、死者的身體還有棺木上面寫下×印記，用意是禁止死者回到現世。日文中「胸」這個漢字，就是用來表示畫在死者胸口上的「×」印記。

此外「大」、「犬」等字則被視為「×」的變體，只要寫在剛出生的嬰兒額頭上，就能成

守護城池的「×」印記 Underworld

為了防止敵人入侵，城郭的虎口（入口）、天守台，還有鬼門位置的石牆上都會刻下×印記。福島縣會津若松城的五個虎口（入口）石牆上都有×印記。

為守護新生兒的除魔物品，稱為「阿也都古」（Ayatsuko）。

◆◆◆

最常做成驅魔物品和符咒形狀的，首推五芒星（☆）。自古以來全世界都有人把這個符號用在符咒上。能夠一筆畫出來並封住所有開口的形狀，讓人想像它可以預防魔物入侵，或是可以將誤闖的魔物封印起來。

日本的五芒星是從中國傳入，與信仰有著密切關聯。在密教，五芒星用來表現「地・水・火・空・風」五大元素；在陰陽五行學說，則是用來表現「木・火・土・金・水」的相生相剋概念。與六芒星形狀相似的六防錆，因為有許多線條交錯的部分，因此大多用在結界上。

各式各樣的驅魔形狀

驅魔用的形狀除了六芒星以外，還有很多不一樣的形狀。基本上都是因為該符號的線條被認為具有結界的涵義，所以能夠將魔物封入其中。

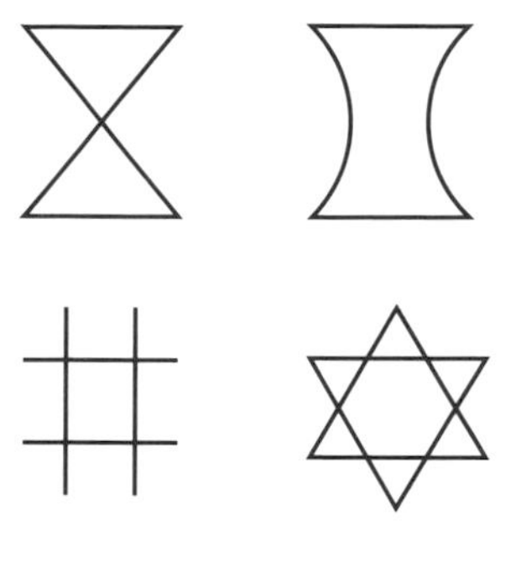

Culture

用九字和五芒星做出最強的驅魔物品

若是將簡化版九字寫成符號，就會得到九條互相交錯的直線和橫線。這個符號經常跟星形符號五芒星一起出現，兩者搭配在一起，就是最強的驅魔符咒。4×3＝12個格子代表了結界，據說擁有驅魔和封魔的效果。

因穢物而生的性別結界

【女】女子

日本有許多從汙穢中誕生的文化和禁忌，
例如「女人禁制」。

蔑視女性的不合理觀念為何擴散

佛教導致女性不淨觀擴散 Keyword

佛教有一部經書名為《血盆經》，書中闡述女性會在生產過程中大量流血，而這份罪孽會導致她們死後墮入「血池地獄」。這個教誨從中世開始逐漸擴散到近世（注26），最後成為社會共通觀念。

日本存在許多因性別而生的限制與禁忌，其中最具代表性的就是「女人禁制」。據傳大約是平安時代初期的佛教、山岳信仰和修驗道等文化開始發展時，也開始將女性排除在神事或佛事等儀式之外。尤其又以比叡山、高野山等聖地，還有作為修煉地點的山中特別難以進入。甚至到了明治時代初期，都還不允許女性攀爬富士山。

一般認為最早是為了保全佛教五戒之一的「不邪淫戒」而採用這個做法，藉此不讓男性修行者出現性方面的欲望。然而隨著時間經過，對女性充滿蔑視與不合理的「汙穢」、「不淨」觀念卻隨之擴散。

認定女性為汙穢的觀念不幸普及之後，與生產和月經出現了重疊。由於兩者都伴隨著出血，而血一直以來都被視為玷汙神聖性之物，受人忌諱，所以「產穢」、「血穢」和死亡所造成的汙穢「死穢」，後來被並稱為「三不淨」。

以前的人認為汙穢是會傳染的，稱之為「觸穢」。同樣的內容在「端午節」也有提到，當時從事田地栽培作業的女性會離開家中，前往特別的小屋過著集體生活並清潔身體。這個習慣就是來自於觸穢觀念，同時也能在要求女性維持清淨和神聖性的行動背後，看出當時對於「不淨」的認同。

此外，由於他們認為汙穢會傳染，所以在禁忌期當中也有諸多規定。例如月經期間和生產前後的女性，都會被隔離至月經小屋或生產小屋一段時間，強迫她們接受各式各樣的限制。

這類小屋多見於以西日本為中心的地區，例如三重縣和和歌山縣附近的吉野郡十津川村，就有專門安置經期女性的小屋「暇屋」（ヒマヤ），據說一直留存至明治（注27）末期。此外，京都府丹波的大原神社也有位在河邊的「產屋」，面積大約一坪大，有繩索從天花板垂下，入口處掛著除魔用的鐮刀。據說這間小屋一直到大正（注28）初期都還被

讓生命誕生於世的生產動作被稱為「產穢」，切割於日常生活之外

孕婦妖怪「產女」 History

因產褥熱而死的女人所變成的妖怪，名為「產女」。過去認為將死去的孕婦埋葬入土就會變成產女。通常被描繪成渾身是血，手裡抱著嬰兒的女人。

當成生產場所使用。

◆◆◆

與女性生產、月經相關的血穢觀念，從中世以後開始擴散至庶民階級。即使到了現代，這個觀念依然以習俗、規定和傳統等形式繼續留存。

位在京都府大原神社的「大原產屋」。當時的女性都在此處生產。

現在依然有許多地方維持著女人禁制，例如相撲的土俵被視為神域，所以女性不可以站上去。在大阪府岸和田舉辦的「壇尻祭」（だんじり祭り）也以同樣的理由禁止女性站上山車。除此之外，還有許多規定一直到二十世紀依然存在，例如月經期間不可以穿過鳥居；懷孕期間不可以參加葬禮；生產前後必須離開家人到別處的小屋居住，使用的餐具和調理器具也必須分開等。這些到底是傳統還是歧視？至今仍是難解之題。

Culture

現存的女人結界門「大峰山」

綿延於奈良縣南部吉野郡地區的山上岳，被稱為「大峰山」。其中一條登山道入口蓋著一座禁止女性進入的門「女人結界門」，至今依然禁止女性入山。大峰山是修驗道的聖地，基於宗教理由，才會堅持在現代實施「女人禁制」。

實施女人禁制的孤島「沖之島」

位於福岡縣的沖之島是世界文化遺產，整座島都被視為神域。這座島會輪流派遣一名神官負責守護島嶼，一年只有一天開放給普通人登島，但是只限男性。這裡至今依然遵守著「女人禁制」。

隱藏在肉體當中的神祕

身體

【身体】

所有行為都是透過身體才得以進行。
因此古代的人認為肉體本身就具備靈力。

身體五官，眼、口所擁有的靈力

人類的身體當中，與外界擁有最多關連性的當屬「五官」，也就是眼、口、舌、鼻、耳。這些器官除了在現實進行溝通的時候非常重要，與異界交流時同樣也扮演著非常重大的角色。

舉例來說，眼睛視物這個行為，讓過去的人推論眼睛具有靈力。在神話與《萬葉集》等書中，神明和天皇都會登上高處瞭望四周風景，這個動作叫做「國見」，是一種確認自己支配的國土的行為。此外神明和天皇瞭望風景、讚美國家的動作，同時也是為國土帶來五穀豐饒的祭祀行為。

隨著時間推進，〈白鶴報恩〉、〈雪女〉等傳說故事裡，也加入了「不可以看」的禁忌。只要被人看到了，這些夢境、幻覺就會立刻潰散消失。

如此便可得知，過去的人確實認為眼睛會在對象身上施展特殊的力量。

當成除魔物品使用的目籠

History

日文「目籠」的意思就是用竹子編成的網狀容器，網目為星形。由於表面有眾多星形網目，因此過去會根據其形狀將目籠當成除魔物品使用。有時會掛在屋簷下，有些地方則會在節分時吊在出入口門上，藉此擊退惡鬼。

從頭部產生出來作為生命力的咒力

先前已經有提過，以前的人相信語言當中自帶靈力，其實以前的人還相信釋放出言靈的嘴巴其實也具有咒力。各種和口中的牙齒、舌頭，還有呼出的氣息相關的傳說故事，都證明了前人的想法。

舞獅是認定咀嚼動作具有咒力的最佳範例。據說只要讓舞獅的嘴巴啃咬自己的頭就能消災解厄。牙齒這種東西原本就會隨著年歲漸長而脫落，也可將其視為生命力的象徵。

伸舌頭扮鬼臉的動作也被認為是一種咒術。故意讓人看見平常不會外露的紅色舌頭以及下眼瞼內側的紅色部位，這個動作除了顏色具有除魔效果，同時也擁有刻意讓隱藏部位表現於外的異常型力量。

氣息也很重要。以前的人深信只要朝著紙人吹一口氣，就能將災禍轉移到紙人身上（詳見第三章「女兒節」）。此外還有各式各樣和氣息有關的傳聞，例如晚上吹口哨就會有蛇出沒，或是發生火災等等。

頭髮是施展詛咒的必備物品？

History

施展詛咒的時候經常用到頭髮。被剪下來的頭髮即使和身體分開也不易腐爛，因此被視為人類的靈魂或生命力的象徵，所以經常被拿來當成咒物。

〈新容六怪撰 平相國清盛入道淨海〉月岡芳年（出自《平家物語》第五集〈物怪之沙汰〉）
描繪平清盛與突然出現的巨大骷髏對峙，並加以擊退的場景。

Culture

存在於頭部的巨大能量

過去，日本一直都有斬首之刑。這是因為前人相信屍體的首級和身體若是連在一起，屍體就會復活。首級和身體分開埋葬的情形也很常見，例如日本三大怨靈之一的平將門（注29），他的首級和身體就分別埋葬在東京和茨城。

五根手指和佛教

佛教認為每一根手指都能對應一種佛教宇宙觀。從右手拇指開始，分別是識、行、想、受、色「五蘊」（形成人類身心靈的物質）；左手則是空、風、火、水、地「五大」（形成世間萬物的物質），並透過雙手結印來表現神佛的各種靈妙、應驗之事。

召喚神靈的異空間

遊戲

【遊び】

例如「籠中鳥」等兒童遊戲，

一般認為其起源都是召喚神靈的咒術。

兒童遊戲與神事的共通點

籠中鳥遊戲的前身「地藏遊戲」 History

玩法是由幾個孩子手拉手將其中一個孩子圍起來，口裡吟唱著「請上身吧，地藏大人」，然後繞著轉圈。位在中心的孩子會漸漸變成地藏，一一回答其他孩子提出的問題。從地藏附身到中間那個孩子身上的情況來看，這應該是從召喚儀式衍生而來的遊戲無誤。

說到最具代表性的兒童戶外遊戲，果然還是「抓鬼遊戲」吧。規則應該沒有詳細說明的必要，總之最普遍的玩法就是讓其中一個孩子當鬼，當鬼追過來的時候，其他孩子就必須逃跑。正如同現今的節分也採用了相同的設定（但此處是鬼必須逃跑），這些兒童遊戲和宗教方面的風俗習慣似乎有著共同點。

舉例來說，幼兒用沙坑裡的沙子做餐點、用泥水假裝成飲料的「扮家家酒」遊戲，其實也可當成是人類獻上供品給無須飲食的神明。實際上，孩子除了會跟同在現場的人一起玩扮家家酒，甚至還會「招待某個不在現場的人」。

日本有句俗話說「孩子在七歲以前都是神明」。天真無邪的兒童遊戲裡，或許真的包含著過去文明未開的原始人信仰。

籠中鳥遊戲所包圍起來的異空間當中有神靈寄宿

儘管最近變得比較少見，但「籠中鳥」也是深受孩子喜愛的多人遊戲之一。負責當鬼的孩子站在中央，捂著眼睛蹲下。其他孩子則是牽手圍成一圈，把鬼關在裡面，再一邊唱著「籠中鳥、籠中鳥」一邊繞著轉圈。唱到最後一句「背後的正面是誰？」的時候，讓鬼猜測站在自己背後的人是誰。

有許多專家指出這個遊戲的由來是一種原始的儀式，讓站在中央的人接受神靈附身，藉此詢問神意。如同遊戲最後詢問根本不可能看見的背後之人的姓名，人們也藉此詢問中間的人，本來應該只有神明知曉的未來之吉凶。

◆◆◆

抓鬼遊戲其實還有許多類似的衍生遊戲。

例如「踩影子」就是其中一種。只要當鬼的人踩中其他人的影子，就換成那個人當鬼。近年來大家都認為這是在白天玩的遊戲，不過在明治時期中葉，這個遊戲是在月光下，特別是農曆十三號的晚上進行。至於為什麼是十三號，理由無人知曉。

以前的玩法據說是其他沒當鬼的孩子追逐鬼影踩影子，很有可能是從祛除邪氣的儀式當中轉化而來。

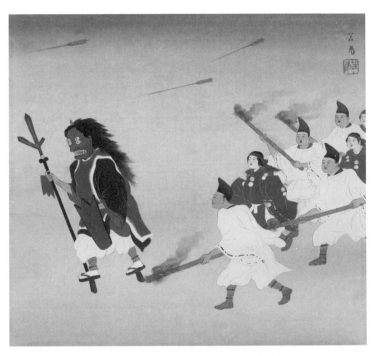

描繪了惡鬼遭人追逐的起源「追儺」（詳見第三章「節分」）儀式圖。
（出自《都年中行事畫帖》（1928 年））

Culture

展現天地宇宙觀的圍棋遊戲

圍棋是中國根據陰陽五行學說創造出來的遊戲。黑子和白子代表陰陽，圓形棋子和四方形棋盤則代表了當時的宇宙觀，也就是天地。

古代中國認為天是圓形，地是四方形，稱為「天圓地方」。因此棋盤作為不動的大地，呈現四方形；上面的棋子則是持續變動的天，呈現圓形。圍棋就是展現當時宇宙觀的玩具。

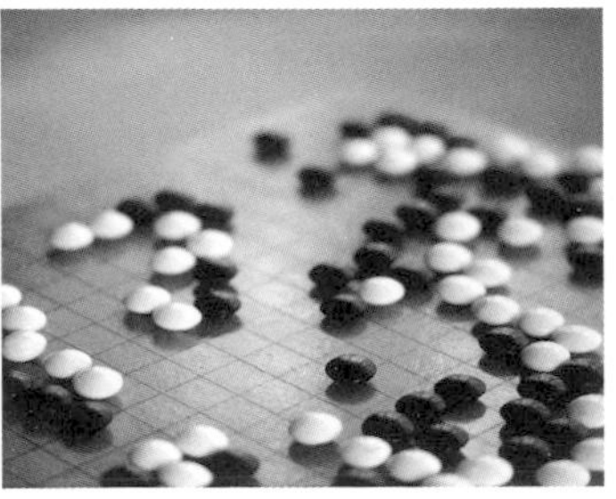

活在現世的神祕生物

動物

【動物】

對人類來說總是伴隨在身邊的動物，
同時也是連接神與人的敬畏存在。

動物是連接現世與神域的神聖生物

日文有句話說「狐狸妖怪」，自古以來人們就相信住在山裡的詭異動物會化身成人類，其中又以狐狸、狸貓最為常見。以前餐飲店等商店會給客人火柴，據說就是為了預防這個問題。因為動物相當討厭火柴當中的磷和硫磺等成分。只要讓客人帶著火柴，他們回家的路上就不會被化身的動物欺騙捉弄，誠可謂店家最誠摯的關懷之情。

不過，動物不光只是受到人類質疑、遠離而已。像猴子、鹿、狼、馬、烏鴉等多種生物都有「神使」、「眷屬」的身分，因而成為信仰崇拜的對象。而且不只動物，蟲類也是。起源自佛教的毘沙門天，其神使就是蜈蚣。

原始信仰最重要的元素就是自然崇拜。這些動物雖然和神靈住在

種類多樣的神使 Underworld

哪種動物擁有神使身分，都是根據該神社相關的神話內容加以決定的。例如天神是牛，大黑天是老鼠，日本武尊是狼或白鷺，擁有神使身分的動物種類非常多樣，有些神社甚至會在神社境內飼養牠們。

山
海
墓
神社
門
橋
十字路
水邊
宅邸
方位
時刻
他界

相同的地方，但偶爾會跑來人類的聚落露臉。從人類的角度來看，牠們的舉動確實就像是來自異界的使者。

◆ ◆ ◆

以五穀豐收神之姿信仰廣為流傳的稻荷狐狸

其中的狐狸，更是以京都伏見稻荷大社為首，全日本共有超過三萬間祭祀狐狸的稻荷神社。

傳說中狐狸跟隨的神明是田地之神，因此會在春季插秧時期下山來訪。其毛色也像結實累累的稻穗一樣金黃，所以人們才會將狐狸視為五穀豐收之神加以祭祀，而日文「稻荷」（いなり）也是從「稻生」（ねなり）一詞而來。順帶一提，別稱稻荷壽司的豆皮壽司，其實是因為顏色讓人聯想到稻穗，所以才被設定成狐狸最喜歡吃的東西。每年二月第一個午日（注30），是伏見稻荷大社的稻荷神鎮座之日，又被稱為「初午」。至今全國的稻荷神社仍然會在這一天舉辦盛大的祭典。

馬原本是神聖的座騎 History

以前的人相信馬是神明的座騎，所以會將活生生的馬供奉為神。後來漸漸演變成在木板上繪製馬的畫像，成為現在的「繪馬」。

《模文畫今怪談》文齋榮之
描繪馬靈試圖抓走人類女子當成自己的新娘的場景。

Culture

與動物相關的「異種婚姻故事」

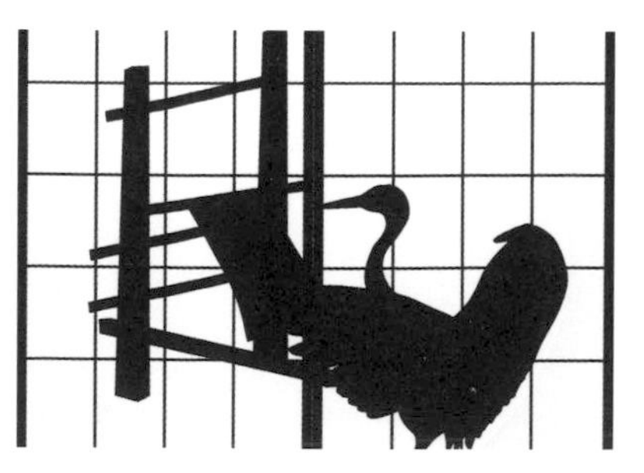

各種與動物有關的故事中，讓人產生一絲詭異感覺的正是「異種婚姻故事」。〈白鶴報恩〉是其中代表，描寫的是人和動物結婚、來往的故事。其他像是〈浦島太郎〉、〈雪女〉這種和異界人有關的故事，也被歸類成同一種類型。

然而幾乎所有的故事最後都以悲劇收場，相信應該是為了警告現世的人們不要太過深入異界。

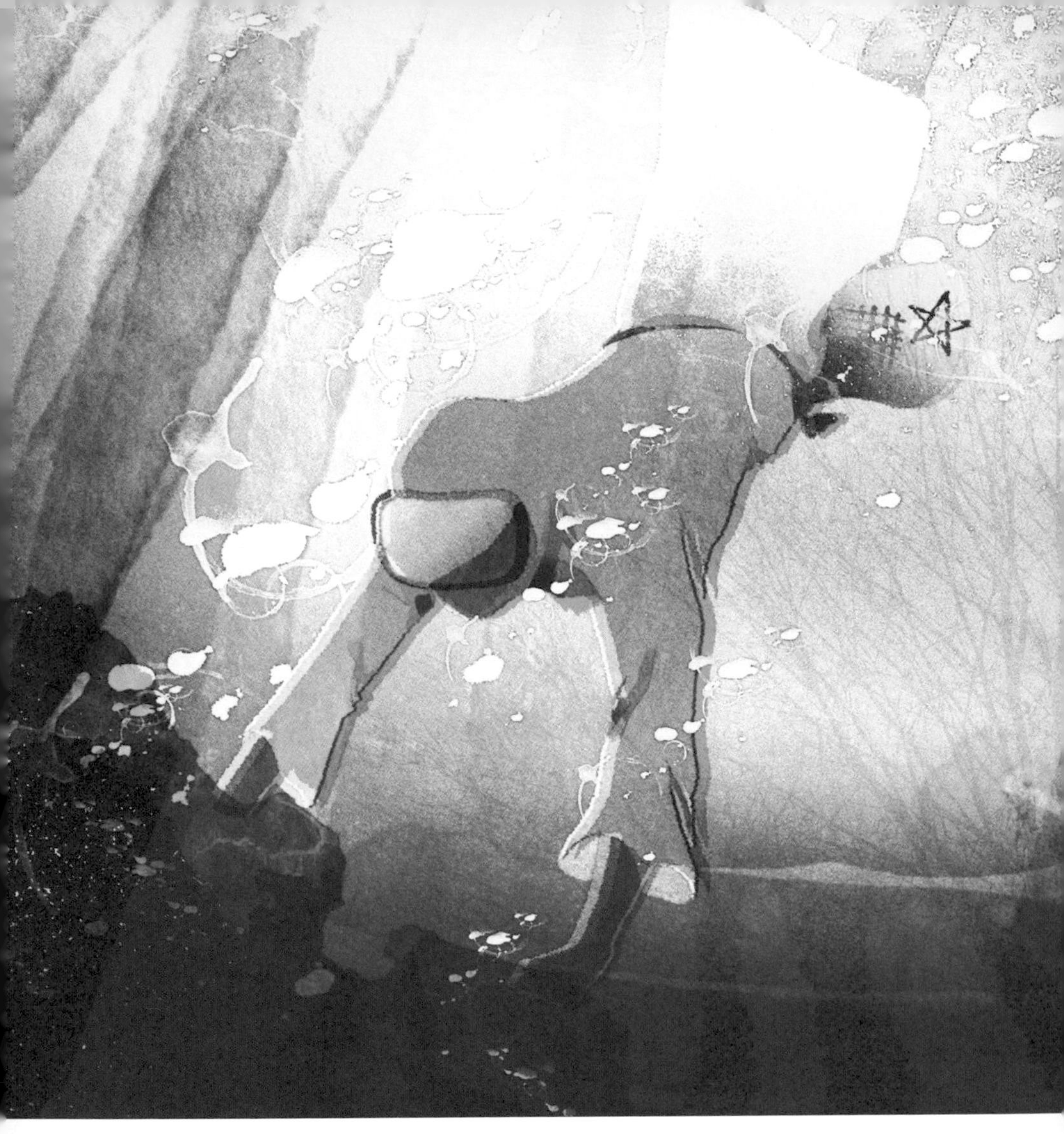

驅趕魔物的特別儀式

職業

【職】

海女還有又鬼獵人，
都會在日常生活中行使除魔儀式或咒文。

日本國內有多種老派職業集團，其宗教性傳統和規則的數量之多，幾乎可和神職、僧侶匹敵。這個特徵尤其容易出現在歷史悠久，

與生死有關的職業，都有利用咒文和護身符驅除邪魔的規定

且和人類基本生活息息相關的職業上。自從多數人轉職從事農耕之後，在山中、海裡進行狩獵打魚的人們，就變成了少數且極具專業性的職業集團。其中最典型的例子當屬海女和又鬼獵人。

海女這個職業擁有非常古老的歷史。根據記紀神話，將天照大神祭祀於伊勢神宮的倭姫命（注31），曾將三重縣鳥羽的海女所獻上的鮑魚當成神饌供奉給神宮，而且這個習慣至今依然流傳。

徒手潛水十分危險，很容易就會喪命。因此海女們都會朝拜多間神社，也會把祛除海中魔物的規定和咒語一一傳承下去。其中最有名的就是名為「セーマン・ドーマン」（注32）的護符，上面畫有五芒星和格子圖案。

又鬼獵人是咒術師？ Keyword

又鬼獵人在肢解他們捕獲的熊之前，會進行一種名為「ケボカイ」（解體）的儀式，吟唱據說是山神傳授的咒文。其他還有避免雪崩和治療疾病的咒文。他們在身為獵人的同時，也擁有許多咒術師才懂的技能。

手握祕傳書籍，口說獨特字彙的又鬼獵人

又鬼是一群利用傳統方式狩獵熊或鹿的職業獵人集團，過去曾有嚴格的女人禁制。起源眾說紛紜，其中最有力的說法是崛起於平安時代的東北地方，然後漸漸擴及到北關東和北海道。

他們擁有《山立根本卷》、《山達由來記》等祕傳書籍。這些卷軸裡寫了又鬼獵人自己的規定，作用類似又鬼執照，只要帶在身上就能自由進出山中。另外還有護身符的功用，所以「帶在身上」應該是相當重要的一點。除此之外，他們在神聖的山裡進行狩獵時，會使用獨特的「又鬼語」（詳見第二章「言詞」）進行對話。這些特徵都顯示他們是相當特別的能力者，常與危險動物對峙並犯下殺生禁忌。

過去，日本的木匠被稱為「大工」，意思是建築物的總監督者和指導者。中世以後，指導者的稱呼變成了「棟樑」並一直沿用至今。

據說他們擁有一份卷軸，上面寫著自己成為大工的起源和相關禮儀，是自己能夠獨當一面的證明。像現在，建築工程開始之前所進行的地鎮祭（類似破土儀式），其實也是一種儀式，主持這些儀式進行，正是身為棟樑的大工的重要工作之一。

從事海女工作的女性。出自鳥居清廣〈採鮑魚〉。

Culture

海女深感畏懼的亡靈「共潛」

三重縣鳥羽根．志摩地區的海女，十分畏懼一種會出現在海中奪走海女性命的亡靈「共潛」（トモカヅキ）。它會變成海女的模樣，並給予其他海女鮑魚等漁獲。如果跟著它過去，就會被帶到陰暗的海底深處。海女們為了看穿海中出現的人影到底是不是真正的人類，都會帶著護符「セーマン・ドーマン」。這個護符會刻在海女用來把鮑魚從岩石上挖下來的小刀「磯ノミ」上面，或是繡在海女蓋住頭頂，類似頭巾的衣物上。

不同地區的護符形狀各有不同，然而對海女來說，這些護符都是不可或缺的東西。

顏色所擁有的神聖之力

【色】顏色

自古以來，朱、黑、白等顏色
就各自擁有不同的神聖力量。

一度死去，然後再次重生，日本新娘穿上白無垢的理由

不論東西方世界，人們對於顏色都有許多固定的概念。然而在不同文化和宗教之下，這些概念也不盡相同，即使是同一種顏色，有時會代表完全相反的意義。

舉例來說，最基本的顏色概念：白色代表神聖這一點，西方和日本其實沒有太大差異。然而同樣是純白的新娘服裝，西方和日本的意義就不一樣了。比方說隨著基督教教義一起傳遍世界的白色婚紗，這裡的白色代表純潔的處女性。然而日本的白色嫁衣「白無垢」，象徵的卻是死亡。跟武士切腹時換上的死亡裝束一樣，白色和服是離開人世的時候才穿的衣物。

換句話說，新娘穿上白色和服迎接婚姻的動作，代表了原本身為娘家女兒的自己一度死亡，再以嫁入夫家的女人身分重獲新生。日本人對結婚這個儀式的定

出現在日本神話中的顏色 Keyword

出現在《古事記》、《日本書紀》等日本神話中的顏色，只有紅、白、青、黑四種顏色。同樣也在日本神話中出現的「黃泉」的黃，並不是黃色的意思，而是引用自漢語。據說黃色被包含在紅色的概念中。

義其實是死亡與再生。

◆◆◆

太陽的紅色可消災除魔

在日本，紅色同樣也被視為神聖的顏色，因為那是掌管生命活動的太陽的顏色。自古以來，人們便認為象徵太陽的紅色具有消災除魔的力量。

現代人認為古墳時期的人們會在臉孔上塗抹紅色塗料，稱為「紅化妝」。目的是為了驅魔。由於男性型態的埴輪（注33）也有被塗成紅色的狀況出現，可知紅化妝應該不是僅限於女性。

若是仔細觀察古墳的出土文物，就能發現土器、首飾等日常生活用品也有很多被塗上紅色塗料。這是因為紅色被視為除魔的顏色，與生活密不可分。

有時同樣的顏色會出現不同的名稱。例如日文的紅（べに）和朱都是用來表示紅色的詞彙。前者的用法有口紅（くちべに）之類，是比較貼近日常生活的紅色。例如口紅的原料紅花，除了製作口紅之外，也會拿來幫衣物染色。另一方面，朱色澤具有更多宗教方面的意涵，

黑色也有抵禦邪魔的靈力

Underworld

《古事記》裡記載了這麼一篇故事：古代大和國曾有疾病蔓延，當情況危急時，古人在東西兩側的邊界祭祀了紅色和黑色的矛與盾。由此可知，黑色也同樣擁有抵禦邪魔的咒術靈力。

顏色和陰陽五行學說有關

陰陽五行學說當中，構成世間萬物的五大要素「木・火・土・金・水」各有其代表的顏色。

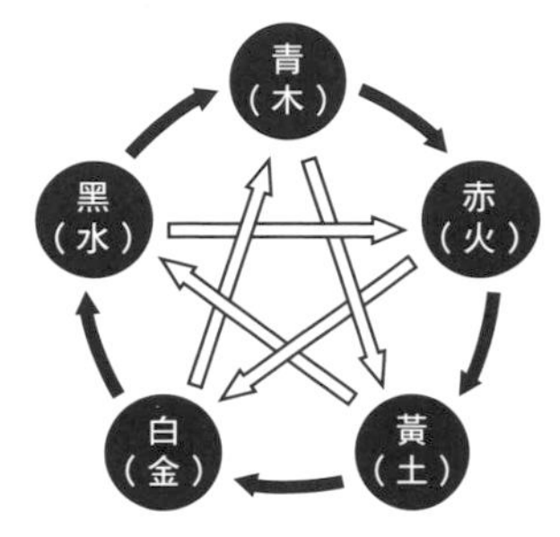

陰陽五行學說是用五行來表現關係平衡。

相生：物質互相促進、滋生的關係。

相剋：物質互相壓抑、制約的關係。

像神社鳥居的顏色就是朱色。

日本料理所用的器皿有分朱色塗裝和黑色塗裝。根據陰陽五行學說，朱色屬陽，黑色屬陰，因此朱色器皿盛裝的餐點被稱為「朱膳朱椀」，通常獻給身分較高的人。另一方面，黑色塗裝的器皿則是一般家庭用，也經常用於懷石料理。此外裝盛日本年菜「御節料理」的多層木方盒，也會被視為高級料理容器而塗裝成紅色和黑色。

除此之外，一般人大多認為黑色代表男性，朱色代表女性，但陰陽五行學說當中的朱色其實代表男性，黑色則是女性。平常總是出現在日式料理席間的朱色黑色器皿，和陰陽五行學說其實有著相當深厚的關係。

Culture

陰陽五行學說和五種顏色

中國古代的陰陽五行學說當中的五色，指的是「青・赤・黃・白・黑（紫）」，從上而下依序對應五行「木・火・土・金・水」。五色代表了森羅萬象一切事物，據說只要收集到全部，就能擁有最強大的除魔功效。後來這個概念被廣泛應用在短冊（一種細長方形的紙箋）、風向袋、五色簾幕、五色素麵等各式各樣的物品上。

呼喚神靈靠近的鈴鐺之力

聲音

【音】

鈴鐺清脆響亮的聲音
擁有神秘的力量，用於許多地方。

以前鈴鐺的鈴聲叫做「玉音」，玉的意思指的是靈魂。響亮清澈的鈴聲，讓過去聽見鈴聲的人相信那個聲音可以呼喚神靈。巫女在神樂當中為了呼喚神靈而揮舞的鈴鐺，叫做「舞鈴」，外型是將一根棍子分成三層，從下到上分別設置七、五、三個鈴鐺，因此也被稱為「七五三鈴」。我們平常參拜神社時會搖動鈴鐺，起源就是來自於此，同時也有過去行使咒術的殘留影響。

此外以前的人相信鈴鐺清脆嘹亮的聲音，擁有淨化汙穢和袪除惡靈的力量。也是基於這個原因，後來開始有人在身上配戴鈴鐺，當成除魔用的護身符。這個習慣至今也依然存在，例如到了七五三等節日時，會在小孩穿的木屐上繫上鈴鐺。

鈴鐺奏響的清朗鈴聲
可以呼喚神靈，逼退邪魔

矮竹葉的神祕聲響

Underworld

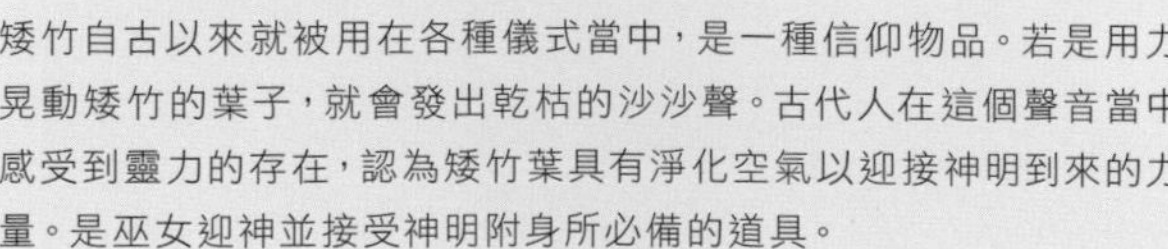

矮竹自古以來就被用在各種儀式當中，是一種信仰物品。若是用力晃動矮竹的葉子，就會發出乾枯的沙沙聲。古代人在這個聲音當中感受到靈力的存在，認為矮竹葉具有淨化空氣以迎接神明到來的力量。是巫女迎神並接受神明附身所必備的道具。

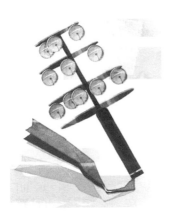

佛教儀式上也經常使用鈴鐺，藉此取悅神佛。密教所使用的鈴鐺法具叫做「金剛鈴」，種類相當多樣。據說金剛鈴擁有三種意涵，分別是歡喜、說法和驚覺，並透過鈴聲來供養佛祖。

這一連串動作叫做「振鈴」。以搖響鈴鐺為號，稟告佛祖信徒前來參拜（歡喜），鈴聲本身就是佛祖講述佛法（說法），讓我們的內心更加警惕並喚醒佛心（驚覺）。神社的鈴鐺也同樣擁有驅除惡靈的意義。

密教除了鈴鐺之外，其實也認為用拇指搭配食指或無名指打出響指的聲音具有除魔的力量。密教認為指甲當中具有魔力，遇上不祥之事的時候就要進行「彈指」。其實打響指除魔這個動作，原本就是來自於密教的「彈指」。

Culture

竹子的破裂聲代表神明的意志

竹子是生命力的象徵，自古以來就被視為神聖之物，用於各式各樣的儀式和節慶當中。燃燒時會產生爆裂聲，就是竹子所擁有的隱藏能力之一。也因為這份攻擊性，人們開始相信竹子擁有除魔的靈力。「勢如破竹」這句成語當中的「破竹」，指的就是製成祭祀用具或武器使用的竹子。

更靠近神之領域的手段

香氣

【香り】

能將感官推上頂端的香氣
曾是宗教類儀式中不可或缺之物。

《日本書紀》記載，推古天皇三年（西元五九五年）時曾有沉香木漂流至淡路島。沉香木是瑞香科的香木。當時島上的居民點火焚燒所有漂流木時，只有沉香木散發出強烈的香氣，因此被拿來上貢朝廷，成為日本香料的起源。

香對佛教儀式來說也是不可或缺之物。嗅聞香的味道，可以清潔身體、淨化心靈，是一種讓自己更靠近佛界淨土的手段。真言密教在加持祈禱的時候會焚燒各式各樣的香，藉此保護自己不受惡靈邪祟的侵擾。種類有球狀的香丸和粉末狀的香粉等，通常與護摩木一起焚燒。其他還有用來淨化汙穢的香水，塗抹在祭壇或身體上面的塗香。

香具有誘人陶醉其中的咒術性效果，因此自古以來便擔任著神祕事物的角色，用在各式各樣

淨化心靈與空間，讓人更接近神明的香氣之力

用香來除魔的平安時代貴族們

History

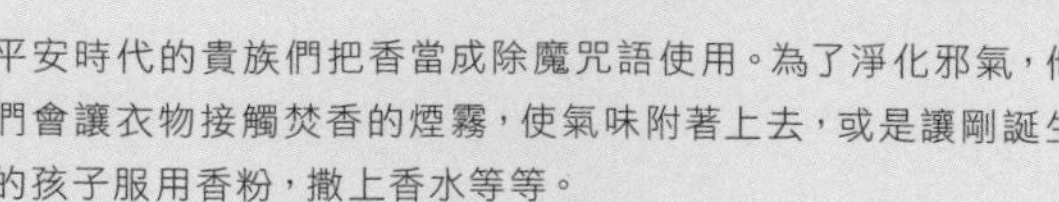

平安時代的貴族們把香當成除魔咒語使用。為了淨化邪氣，他們會讓衣物接觸焚香的煙霧，使氣味附著上去，或是讓剛誕生的孩子服用香粉，撒上香水等等。

的儀式當中。

◆◆◆

香氣和四時節氣也有非常緊密的關係。例如節分，雖然一般人可能對撒豆儀式比較有印象，但還有另一個風俗是將柊樹枝和烤過的沙丁魚頭裝飾在門上，目的是用烘烤過的沙丁魚惡臭來驅逐邪氣。

五月五日端午節有個別稱叫做菖蒲節。中國的風俗是在這一天使用菖蒲等藥草來避邪，後來同樣的習慣傳至日本，改用菖蒲葉的香氣來驅逐邪氣。

別稱叫做菊花節的九九重陽節，更是完全離不開香氣。以前的人們會用沾滿菊花香氣的棉布擦拭身體和臉，利用那股芬芳逼退邪氣。

Culture

線香與焚香的香氣

佛壇和墓地經常焚燒線香。一般認為線香的味道具有神佛的靈力，飄盪的白煙則擁有運送神佛的力量。此外葬禮中的焚香動作，據說是為了協助仍然活著的我們擺脫死亡汙穢。兩者都是在世的人，為了將死者的靈魂送往另一個世界所使用的道具。

Column 2

發生水患的地方容易有妖怪出沒

絕對不可以靠近那個地方……為了讓人有所警惕而提及的妖怪們

從以前開始，水邊就有許多和異界居民，也就是和妖怪有關的故事，其中最具代表性的妖怪就是河童。日本全國各地都有流傳河童的傳說，稱呼方式更是五花八門。例如關東地區、東北地區和甲信越（注34）等地稱為「カワッパ」（kawappa）、「かっぱ」（kappa）；北陸地方（注35）稱為「ガメ」（game）；近畿地方（注36）則是「ガタロウ」（gatarou）等，各地名稱微妙地有所不同。

順帶一提，綠色身體和頭頂有個盤子的形象是在江戶時代中期創造出來的。一般認為河童的起源是中國的水神，河川氾濫所導致的水患以及長期無雨所導致的缺水，都被認為是身為水神的河童發怒所造成的。

原本是水神的河童，為什麼會變成妖怪呢？有一說法認為，那是為了讓經常跑去河邊玩耍的孩子養成戒慎恐懼的心態。

只要大人說「那條河會出現河童喔」，孩子們就會害怕而不敢靠近，藉此預防溺水事件發生。除此之外，河童還有一個甩都甩不開的傳說，那就是「會把尻子玉挖出來」。所謂尻子玉是傳說中位在人體肛門內部的臟器，被河童攻擊時會被挖出來。這個傳說的起源，應該是因為人溺死之後肌肉會隨之鬆弛，所以肛門那個洞看起來會變得比較大。就河童的角度來說，真的是倒楣背了這個黑鍋。

此外有河童出沒的地區，據說也會發生規模相對較小的水災。如果發生的是大規模水災，那麼出現的妖怪就不會是河童，而是大蛇。例如在《古事記》中登場的八岐大蛇，其傳說發源地就是流經島根縣和鳥取縣的斐伊川。這條河川自古以來就不斷發生土石流和洪水，簡直就像是大蛇狂暴扭動的樣子，想必就是因為這樣才成了傳說的起源。

發生水災的地點之所以總是伴隨著妖怪傳說，是為了讓人們有所警惕。這個理由是相當合理的。假使心裡抱持著「這種不科學的故事不值得相信」而不把警告當一回事，搞不好會因此喪命也說不定。

江戶時代中期的
浮世繪師・鳥山石燕所畫的河童。

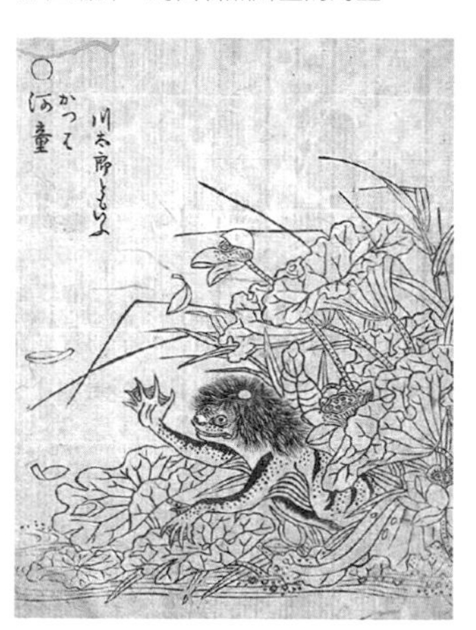

MEMO

河童的起源是中國的水神，名為「河伯」。由於河伯總是帶著一個鱉隨從在身邊，傳到日本之後，外型也因此固定成尖尖的嘴巴和背著龜殼。

第三章

例行活動與異界

例行活動與祭典，其目的多半與敬神、畏懼亡靈及除穢避邪有關。本章將說明人們如何透過這些例行活動面對「異界」。

正月

節分

端午節

女兒節

彼岸

夏越之祓

七夕

盂蘭盆節

祭典

重陽節

中秋節

跨年

款待祖先的靈魂

正月

【正月】

慶祝新的一年到來，歡騰的正月，
最早是恭迎祖先靈魂，款待「年神」的例行活動。

門松是迎神的引路記號，也是阻隔異界與現世的界線

正月的例行活動，保留了濃厚的原始日本信仰色彩。最早，正月舉行各種例行活動的目的是為了迎接祖先靈魂，也就是「年神」的到來。

家家戶戶門口的「門松」，正是將來自異界的年神迎到自家的引路記號。最近一般民宅雖然已經不太常見，但從前每到年底，人們就會上山伐下松木，帶回家當裝飾。

送走年神的「どんど焼き」儀式

Tradition

一月十五日在日本稱為「小正月」，這天有個將門松等正月擺飾或新年書法帶到神社燒掉的儀式，稱為「どんど焼き」（dondoyaki）。人們認為火能淨化污穢，爆竹的聲音有擊退災厄的作用。這個儀式也有「送走祖先」（年神）的意義。

門松的起源可回溯到平安時代的宮廷儀式「小松引」。這是在新年的第一天，前往森林拔起小棵松樹帶回的儀式。小松引也是祈求長壽的儀式，帶回的松樹就放在玄關當擺飾。

一說到門松，大家對那三根竹筒的印象或許比較深刻。然而，門松的主體應該是松樹。長青的松樹一整年都能保有濃綠的色彩，因此被視為長壽的象徵。日

文中「祀る」（祭祀）與「松」的發音又相近，松樹就這麼成為有吉祥寓意的植物。此外，門松也用來當作讓神明棲宿的「依代」。到了室町時代，除了松樹之外，另外加上也象徵長壽的竹子，延續至今的門松形象就此定型。正月時，裝飾在大門口的門松，除了有恭迎祖先的寓意，也同時扮演阻隔異界與現世的角色。

◆◆◆

鏡餅象徵祭祀道具「銅鏡」，同時模擬「蛇」的外型

正月必備的另外一項擺飾就是「鏡餅」。事實上，鏡餅的由來隱含著人們對強大靈力的信仰。

自古以來，鏡子便是祭神儀式上的重要祭祀道具。從日本各地的出土文物中都能看到銅鏡，即可證實這一點。此外，古時人們認為「餅」（也就是年糕）具有強化人類生命力的靈力。同時兼備這兩種特性的鏡餅，則是使用前一年剛收成的新鮮稻米製成。將壓成圓餅狀的年糕作為祭祀供品，是因為在當時人們的思考中，這樣的供品具有與銅鏡同等的靈力。

壓歲錢的由來是「年糕」 Underworld

現代人的壓歲錢通常是現金，然而，古時的壓歲錢本是年糕。最初的壓歲錢習俗，是由家長將「有年神靈魂棲宿的鏡餅」發給家中的小孩。因此，也有人認為壓歲錢「お年玉」（otoshidama）的語源是「御歳魂」（otoshidama）。

正月迎年神的儀式

正月前往神社寺廟參拜，是進入明治時代之後才有的習俗。在那之前，一般民眾習慣在各自家中迎接年神。

門松

除了在年神降臨人界時作為引路記號之外，還有將邪氣阻隔在外的結界作用。

鏡餅

狀似銅鏡的年糕。古時人們認為神靈棲宿於鏡子之上，由此演變出擺飾鏡餅的儀式。

注連飾

掛有注連飾的地方，就表示「這裡是迎接年神的神聖場所」。通常掛在居家大門，也就是玄關處。

一般常見的鏡餅，都是由幾塊大小不同的圓餅狀年糕依序疊合，最上面再放上橙子。從側面看鏡餅的形狀，可以說像紡錘，也有一說是像捲起身軀的蛇。

遠古時代，日本人盛行蛇神信仰。在古代，人們把不斷反覆蛻皮成長的蛇視為「死亡與重生」的象徵，對蛇產生敬畏之情。

古日語的蛇寫為「カカ」（kaka），鏡子的語源則是「カカメ」（kakame），也就是「蛇目」的意思。由此可知，鏡子與古代日本人的蛇神信仰關係匪淺，日後也化為鏡餅的形式，傳承至今。

Culture

和神明一起慶賀新年的御節料理（年菜）

御節料理的起源約為奈良時代到平安時代，當時宮廷中為了表達對神明保佑豐收的感謝，會在名為「節會」的例行活動中，享用供奉神明的節慶料理「御節供」，這就是現在「御節料理」的起源。

到了江戶時代，這項例行活動普及至民間，並且演變為過年時不可或缺的正月料理。菜色包括祈求長壽的蝦、祈求多子多孫的鯡魚卵等帶有好兆頭的食材，每一樣菜都蘊藏了特別的含意。

驅逐病魔的「滅魔儀式」

節分

【節分】

在「鬼在外」、「福在内」的呼聲中，將鬼逐出家門的節分活動。
為什麼會是「鬼」呢？一起來探索這個節日活動的起源。

帶來疾病的病魔就是肉眼看不到的「鬼」

節分這個例行活動歷史悠久，據說源自中國的打鬼儀式「追儺」。追儺於奈良時代傳到日本，成為宮廷中的例行公事「大儺」。這是當時為了祛除流行於各地的疫病，由宮中下人扮成惡鬼，供貴族們追逐驅趕的儀式。隨著時代轉變，演化為佛教儀式「追儺會」。

當時的追儺儀式通常舉行於十二月的最後一天。從宮中官員（大舍人）中選出身材高大的男人，穿上黑衣朱裳，戴上四眼面具，手持矛盾現身，儀式就此展開。大舍人扮演的角色稱為「方相氏」，起初並非惡鬼，而是被視為神明一般的存在。儀式中，手持桃木弓與蘆葦箭的群臣一同追逐戴上鬼面具的惡鬼角色，口中大喊「儺遣」（即驅鬼之意），扮演惡鬼的下人

何謂鬼？

History

在日語中，鬼的語源來自有「肉眼不可見之物」意思的「陰」（onu），後來訛傳為發音相似的鬼（oni）。古時人們認為災難或疾病是肉眼看不見的惡鬼造成，隨著時代轉變，肉眼看不到的鬼漸漸被塑造出頭上長角，身穿虎紋短褲等現代人熟悉的形象。這樣的演變，也與陰陽道中鬼門位於「丑寅」方向的思想有關。

則從東西南北四門緩步走出，象徵受到驅逐。

隨著時代的演變，漸漸轉由方相氏直接扮演惡鬼。到了江戶時代後期，撒豆驅鬼的習俗更普及至一般家庭。

用「滅魔之豆」驅趕病魔

日語中「豆」（mame）的發音，和「滅魔」或「魔眼」相近，或許因為這樣，人們認為豆子具有驅魔的力量。和節分撒豆時嘴上同時喊「鬼在外、福在內」一樣，寄託的都是言語中蘊含的力量──「言靈」。

此外，若是撒出去的豆子在新年裡發芽，是很不吉利的，所以一定要用炒過的豆子。根據各地的習慣不同，有的甚至會把豆子炒到黑為止。

撒完豆之後，要把家中門窗全部關起，並於玄關掛上一隻用柊樹枝插入眼睛的沙丁魚，這個習俗稱為「柊鰯」，象徵用尖尖的柊葉插入鬼的眼睛，也有用烤沙丁魚時散發的煙霧和臭氣擊退惡鬼的意思。

裝豆子的神聖容器「枡」 History

用來量米或量酒的方形木盒「枡」，在儀式中有代替神明的意思，被視為神聖的器物。枡不只是單純的容器，還有為驅鬼的主角豆子賦予靈力的作用。

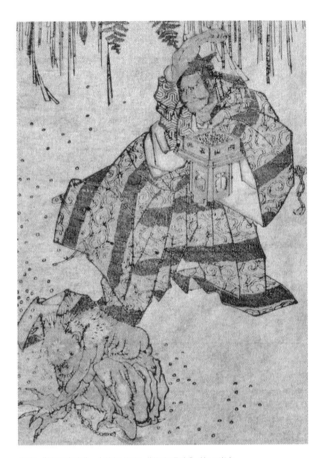

出自《節分之鬼》（葛飾北齋《北齋漫畫》第四卷）

Culture

撒豆習俗源自「方違」

平安時代，節分這天還有另外一項例行活動，稱為「方違」。方是指方向，違則有改變的意思。當時的人們認為，配合自己的生肖找出幸運方位「惠方」，根據惠方改變住宿的地方就能驅邪避災。到了室町時代，改變住宿地點的做法漸漸式微，演變為搬到位於惠方的房間。這時，為了祛除房間裡的災厄，就要進行撒豆儀式。這個撒豆儀式，也是後來節分撒豆的起源，與「追儺」的習俗結合之後，成為節分的例行活動並傳承至今。

藉菖蒲的咒力避邪除穢

端午節

【端午の節句】

端午節在日本也是「男兒節」，
起源於藉由藥草咒力消除毒瘴的儀式。

端午節在舊曆五月，過去這個月份曾被稱為「毒月」，這是因為在此之間持續了一段陰雨連綿的氣候，使得人們容易感染疫病。

清少納言與菖蒲香氣 History

據說《枕草子》的作者清少納言（注37）很喜歡菖蒲的香氣，曾提過「年輕人為了袪除邪氣，用裝飾了菖蒲的梳子梳頭……看到她們將菖蒲長長的根放進書信之中，感到饒富興味」（《藥之歲時記》）。由此可知，古時人們將菖蒲作為避邪之物運用在日常生活中。

菖蒲清爽獨特的香氣有避邪除厄的功效

菖蒲及艾草具有藥效，也被視為有驅魔之力，因此，每逢舊曆五月，人們就拿這些藥草來解厄除瘴。這是最早的端午例行活動，原本的目的只是單純的避邪除厄。菖蒲和艾草香氣清爽獨特，即使是現代人也不難理解，為什麼古時人們會認為這類藥草強烈的香氣能發揮咒力。

到了現代日本，端午節成為眾所周知的男兒節。然而，端午節的例行活動最早其實是以女性為主角。端午節這段時間，正值插秧前的準備階段，負責插秧的年輕女性「早乙女」在田中迎接田神時，自身也被視為神聖存在。因此，下田前必須遠離家事，以菖蒲水淨身，在家閉關以杜絕穢物邪氣。

中世紀之後，日本成為武家中心的社會，「菖蒲」因為發音近似「勝負」或「尚武」，

在江戶時代轉為用來祈求男孩武運昌隆，出人頭地。端午節從此慢慢演變為男兒節，一直傳承到現代。掛鯉魚旗的習俗也始於這時，日本有鯉魚在瀑布逆流而上化身為龍的傳說，掛飾鯉魚旗象徵祈求男孩健康成長的心願。

◆◆◆

以「端午之幹飾」佈下結界，使邪氣與穢物不敢靠近

插秧姑娘「早乙女」閉關的小屋，通常會在屋頂掛上菖蒲葉與艾草，用意是祛除邪氣，稱為「端午之幹飾」。青綠的菖蒲葉形狀細長，與屋簷的茅草並排擺放的樣子，令人聯想到結界。

此外，將菖蒲等藥草裝入袋中，揉成圓形，再加上花朵與五色絲線做裝飾，稱為「藥玉」。互相贈送藥玉是當時的端午習俗之一。藥玉中有個藥字，由此可知它也與藥草的咒力關係匪淺。經常使用的藥草除了菖蒲和艾草外，還會加上香氣濃厚的沉香等香藥。平安時代的人們認為藥玉有驅邪延壽的作用，所以互相贈送藥玉祈求彼此健康平安，遠離災厄。收到的藥玉可別在衣袖或掛在手臂當作護身符。用藥玉當護身符的觀念慢慢普及庶民之間，到了江戶時代，外型也有了改變。

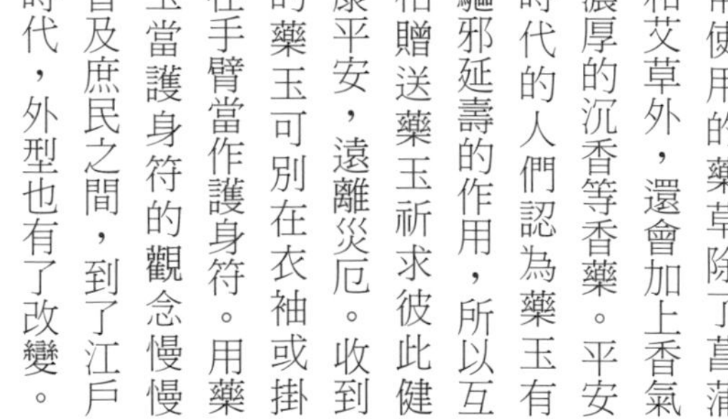

原本藥玉上的彩線，後來演變為七夕的五色飄帶。

現代慶典或開幕典禮上常見打開彩球的儀式，也有人認為這種彩球是由藥玉演變而成。

具有避邪效力的植物

端午節前後這段時間（五月～六月），很多人身體容易出狀況。古時候的人認為原因來自邪氣，因此仰賴許多具有避邪效力的植物。

日本人常在端午節吃使用艾草或槲葉做的麻糬，這些都是民眾熟知的避邪植物。此外，還會用上面各種植物來避邪除厄。

使用菖蒲的風俗習慣來自中國，高掛菖蒲葉或飲用菖蒲酒等例行活動，都被中國人視為有防治疾病，保護身體不受邪氣侵擾的作用。這個觀念從奈良、平安時代傳入日本，先成為宮廷中的例行活動，到了江戶時代，武家社會流行將細長如刀的菖蒲葉裝飾於家中，又取菖蒲發音近似「尚武」、「勝負」的寓意，演變成為男兒祈求厄運遠離，出征成功的民間習俗。

Culture

中國的粽子傳說

說到「端午節」就是吃粽子。日本人在端午節吃粽子的傳統，源自中國的傳說故事。

古代中國有一位聲名遠播的詩人，因為遭到陰謀陷害而被逐出國，最後投江自盡。為他的死感到悲傷的人們，紛紛將粽子丟入江中憑弔。在中國，人們吃粽子的同時，也會用這個傳說告誡孩子「長大後要做個忠義之人」。此一習俗從中國傳入日本，以當時的首都京都為中心，在西日本一帶傳遞開來。

使用替身淨身除厄的例行活動

女兒節

【雛まつり】

在家中擺設「雛人形」娃娃的女兒節。
雛人形源自作為人類替身的「形代」。

雛人形原本是替身人偶，替人類承受疾病與厄運

淡島神社的「雛流」儀式，超度五萬個雛人形

Tradition

和歌山縣淡島神社素有舉行「雛流」神事的傳統。這裡供奉來自全國各地的人偶，在雛流這天放入海中漂流，作為超度。放在三艘木船上的人偶隨海水飄走時，呈現一幅靜謐夢幻的景色。

雛祭在現代常被稱為「女兒節」或「桃花節」。現在日本的女兒節雛是新曆三月三日，過去又稱為「上巳之日」，是舊曆三月的第一個「巳之日」。這天，朝廷裡會開始舉行祓除疫病與災厄的例行活動。

季節進入春天，寒意減緩，慢慢感受到春日溫暖時，人們習慣走出戶外，藉由河川流水洗去穢氣。這時，也會用紙或其他材料做成人形替身，用替身摩擦自己的身體，或是朝替身吹氣。這是為了讓穢氣與厄運轉移到替身（日語稱為「形代」）身上。將形代放入河川隨水流走，象徵穢氣也跟著流往異界。這就是現今女兒節擺設「雛人形」的來源。直到現在，日本某些地方仍保留同樣的「流雛」儀式。

到了江戶時代，宮中流行打造展現婚禮樣貌的人偶作為擺設，城市裡也盛行在家中擺出好幾層的豪華人偶。明治時代之後，女兒節時在家中擺設雛人形的習俗已普及全國各地。

一龍齋國盛《雛人形》。江戶時代之後，雛人偶發展得更加豪華。放在台座上的包括內裏雛（代表天皇、皇后的人偶）、五人囃（樂隊）、隨身（左右大臣）與菱餅等。（圖片提供／國立國會圖書館網站）

Culture

為何女兒節又稱「桃花節」？

桃子在中國象徵多子多孫，被視為能帶來長生不老的樹木及果實，很受重視。喜慶場合一定會出現做成桃子形狀的饅頭，日本有些中華料理店也會提供這道點心。這個典故很早就從中國傳到日本，在《古事記》中已有伊邪那岐丟擲桃子，擊退黃泉國魔軍的故事。

打開「那個世界」的門

彼岸

【お彼岸】

對遙遠彼岸的人們
寄予思念的特別節日。

當晝夜與東西方平行，那個世界的門就會打開

將一年分成二十四等分的二十四節氣中，以春分及秋分為中間日，各自加上前三天與後三天的七天，分別稱為「春彼岸」和「秋彼岸」。俗諺說「暑寒皆不過彼岸」，意指春分或秋分過後，就會進入氣候穩定的季節。因此，直到現在還是很多人習慣把握這段時間去掃墓。

春分和秋分這兩天，是一年中晝夜長度相同的日子。太陽從正東方升起，往正西方落下，佛教將此解釋為東西平行，也就是通往西方極樂淨土（彼岸）的道路與東方的現世筆直相通。不過，「彼岸會」是日本佛教特有的風俗，也有人認為，這和日本人對太陽及祖先的原始信仰息息相關，因為「彼岸」的發音與「日願」（向太陽祈願）相同。

供奉祖先的傳統例行活動「念珠繰」 History

念珠繰，是眾人依序傳遞大型念珠的傳統儀式。日本有些地區的人會在彼岸時期進行這項例行活動。例如青森縣的下北半島就會在春彼岸時，於村中偏遠之地一邊唸佛一邊展開念珠繰。人們認為念珠繰有驅散惡靈的效果。

進入明治時代，連皇室都會在春秋兩季舉行祭祀歷代天皇之靈的「皇靈祭」。皇靈祭分別於春分及秋分舉行，這兩天也成為國家的祭日。

◆◆◆

透過六波羅蜜修行接近神佛的彼岸習俗

關於彼岸有諸多說法，其中一種說法認為彼岸一詞來自漢語的「至彼岸」，梵語的發音寫作「波羅蜜多（Pāramitā）」。「波羅蜜」指的是菩薩成佛（抵達彼岸）的修行，最為人所知的就是「六波羅蜜」。六波羅蜜是在彼岸中日的前後六日之間履行的德目，有些寺院也會教導信徒用實踐六波羅蜜來供奉祖先。

所謂六波羅蜜，指的是以下六項德目：①布施（施惠於人）、②持戒（遵守戒律）、③忍辱（承受苦難）、④精進（時時努力）、⑤禪定（以平靜的心情反省己身）、⑥智慧（做出正確判斷，明辨真相）。在佛教的教義

彼岸花是不吉利的花？ Culture

彼岸花往往令人聯想到死亡，原因之一是彼岸花含有毒性。當毒素進入體內，會引起嘔吐與神經麻痺的症狀。古時人們為了利用這種毒性驅除害獸，在墓園或田畝旁種植許多彼岸花。這也是為何寺院或墓園常見彼岸花群生的緣故。

開悟的六項條件

現代人供奉祖先的彼岸日，過去原是佛教僧侶勉勵修行的日子。為了達到開悟的邊界，佛教徒必須完成以下六項條件。

上述六項修行條件，就是佛教的六波羅蜜。

中，這六大修行的實踐，即為通往開悟成佛之路。

◆◆◆

彼岸日最常見的供品，就是在還保留少許米粒形狀的麻糬上沾滿厚厚一層紅豆餡的點心「牡丹餅」，又稱「御萩」。關於在這個時期吃這種甜點的由來也是眾說紛紜，其中一個說法，是因為紅豆的紅色具有預防災厄的靈力。

此外，過去用來製作御萩的砂糖屬於珍貴食材，用砂糖製作甜點，蘊含了不想讓祖先靈魂挨餓的心意。

「牡丹餅」和「御萩」其實是同一種甜點，名稱的不同與季節有關。春分吃的叫牡丹餅，秋分吃的叫御萩。因為牡丹是春天綻放的花，萩（胡枝子花）則是在秋天盛開。

Culture

彼岸和盂蘭盆節有什麼不同？

彼岸和盂蘭盆節都是掃墓祭祖的時節，只是，和祖先靈魂接觸的方式有些不同。彼岸是這邊的世界（此岸）和那邊的世界（彼岸）容易相通的期間，由在世的人主動靠近彼岸，供奉祖先。另一方面，盂蘭盆節則是祖先靈魂回到這個世界的期間，由在世的人透過各種儀式迎接祖先的靈魂。兩者都是祭祀先靈的例行活動，只是前者與後者有這樣的差異。

傳承神話的傳統例行活動

夏越之祓

【夏越しの祓】

夏越之祓自古以來便是夏日的例行風景。
一起來探究穿越茅輪與人偶靈力之謎吧！

日本全國各地的神社，都會在六月及十二月底，舉行一年只有兩次的「大祓」儀式。

將穢氣轉移到人偶身上，穿過茅輪結界，淨化所有災厄

在世界文化遺產上賀茂神社舉行的「夏越大祓式」 Culture

京都府上賀茂神社以供奉除厄之神聞名，每年六月，這裡都會舉行「夏越大祓式」，將民眾奉納的人偶放入「楢之小川」中流走。人偶在點燃篝火的河水中漂流的夢幻景象，彷彿平安時代和歌中吟詠的光景。

「大祓」上使用的「祓詞」比一般祓式（除穢掃厄的淨化儀式）更長，由神官奉唸「大祓詞」，為天下萬民化解罪愆，祛除穢氣。一般來說，六月的儀式稱為「夏越之祓」，十二月的則稱為「年越之祓」。

從前的人很難一次取得大量潔淨的清水，無論是身體、衣服還是食材、餐具，都無法保持清潔，一到夏天就很容易招來流行傳染病。

夏越之祓可以說是祖先們為了避免反覆發生的夏季災厄，拚命祈求夏日平安無災的儀式。

和女兒節的「流雛」人形一樣，參加夏越之祓儀式的人們，也會用紙張做成「人形」，拿這個替身摩擦自己的身體或朝替身吹氣，將穢氣罪愆轉移到替身上，再放入河川或大海流走，或直接在神社中焚燒掉。近年來有些神社還會準備汽車形狀的紙，用與上述相同的儀式來祈求交通安全。

在夏越之祓中有一項重要的儀式，那就是「穿越茅輪」。這是將茅草及稻草編成直徑多達數公尺的茅輪放在參拜道上，讓參拜者從中間穿越的儀式。普遍的做法是在第一次穿越茅輪出來後向左轉，第二次則向右轉，像這樣劃一個「8」字。總共穿越三個「8」字，同時嘴上誦唸「在水無月中除穢淨身之人可延壽千歲」的和歌。

茅輪以茅草編成環狀。自古以來，茅草就被視為有避邪作用的神聖植物，經常使用於宗教儀式上。在日本的神話中，也有拿茅輪來當作護身符的記載。傳說中，速須佐雄神（素戔嗚尊）隱埋真實身分，化身為武塔神，在旅途中請一對兄弟提供住處。富裕的弟弟拒絕了武塔神的要求，貧窮的哥哥「蘇民將來」則端出粗茶淡飯細心款待。這時，武塔神出示真面目，對蘇民將來表達感謝之意，同時授予「茅輪」。日後，蘇民一族在這個護身符的保佑下躲過疫病，而包括弟弟在內的其他家族則全部滅亡。這就是茅輪的起源。

速須佐雄神授予的茅輪護身符，拯救了蘇民將來一族

穿越茅輪時，必須如劃「8」字般左右穿越。這項行為的由來，

穿越茅輪的方法

在即將迎來夏季的此一時期穿越茅輪，進行洗滌半年份穢氣的清淨儀式。每間神社作法略有不同，不過一般都是以劃「8」字的方式穿越三次。

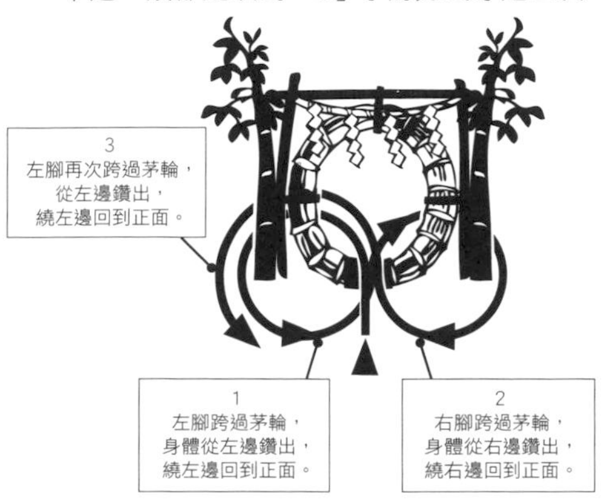
3
左腳再次跨過茅輪，
從左邊鑽出，
繞左邊回到正面。
1
左腳跨過茅輪，
身體從左邊鑽出，
繞左邊回到正面。
2
右腳跨過茅輪，
身體從右邊鑽出，
繞右邊回到正面。

跨越茅輪前，
必須先從正面行禮鞠躬。

則與日本神話中伊邪那岐及伊邪那美創生國土與天神的神話有關。

根據《古事記》的記載，伊邪那岐和伊邪那美這兩柱天神為其他神祇所生，並創造了一座島。伊邪那岐和伊邪那美在島上建立通天的「天之御柱」和巨大宮殿「八尋殿」後，伊邪那岐往左繞行「天之御柱」，伊邪那美往右繞行，於是又再生出了其他神祇。由男性伊邪那岐主導下才得以創生天神的行為，衍伸為繞行茅輪時先從左邊穿出，再從右邊穿出，最後再從左邊穿出的順序。

與上述創生神話相關的儀式禮法以及茅輪的守護靈力由來等，在在顯示了夏越之祓是一種充滿日本人生命觀的儀式。

Culture

蘇民將來的護身符

蘇民將來的傳說，與穿越茅輪的起源有很深的淵緣。以這個傳說為基礎，全國各地都能見到保佑除厄的護身符。材質從紙張到木材，形狀從符狀到角柱狀木芥子造型的都有。

京都八坂神社舉行夏越祭時，就會販售源自蘇民將來傳說的小茅輪狀護身符「茅輪守」。長野縣信濃國分寺的八日堂，每年一月也會在參拜日擺出六角柱木芥子造型的護身符。

向星星祈願，去除穢氣的傳統例行活動

七夕

【七夕】

以牛郎織女傳說為人所知的七夕，
原本是以除穢為目的的例行活動。

來自女性紡織習俗的七夕例行活動

現代人在七夕這天，會將心願寫在各種顏色的小紙條並掛在竹枝上，向星星祈求願望實現。織姬與彥星（牛郎織女）的傳說也無人不知、無人不曉。不過，現代日本的七夕起源，其實是結合了日本的神事與中國的傳說。

過去，日本有名為「棚機」的例行除穢儀式，由女性織布做成和服，放在架子（棚）上裝飾，用意是恭迎神明，以求保佑秋季農作豐收。使用織布機織物的女性稱為「棚機津女」，她們會閉關在河岸邊名為「機屋」的小房間裡織布，這時使用的織布機就叫「棚機」。

後來佛教傳到日本，這項傳統例行活動性質改變，成為盂蘭盆節前的除厄儀式，通常在七月七日晚上進行。現在的「七夕」就是由此演變而來。

有「除魔」含意的五色紙條

Underworld

一般認為七夕時在竹枝上懸掛五色紙條的做法始於江戶時代。這五種顏色與古代中國的陰陽五行思想有關，分別是「青、紅、黃、白、黑（紫）」五色，各帶有除魔的含意在內。

七夕結合了日本的傳承與中國的傳說

織姬與彥星的傳說源於中國的牛郎織女。日本的織姬和彥星，分別是「天琴座的織女星」和「天鷹座的牛郎星」。織姬司掌紡織，彥星則是司掌農業的星座。因為這兩個星座會在舊曆七月七日隔著天河相互輝映，這天就被視為他們一年一度相會的日子，而牛郎織女的淒美愛情故事也從中誕生。根據織女星的典故，中國還會在七月七日舉行祈求紡織及裁縫技術精進的儀式「乞巧奠」。乞巧奠在平安時代傳入日本，融合了日本原來的棚機女祭祀活動，成為宮廷裡的七夕例行儀式。到了這一天，宮中人們會供奉水果、鮑魚等供品，一邊觀賞星星，一邊吟詠詩歌，將和歌寫在神聖的梶樹葉片上，祈求願望實現。

這個做法後來演變為把寫上心願的紙條掛在竹枝上，而這樣的習俗於江戶時代普及民間，七夕也成了日本的五大節日之一。此外，對庶民而言，七夕再過七天就是盂蘭盆節，因此也從這天開始為迎接先祖靈魂做準備，著手打掃墓地與居家，做清掃、淨化環境的工作，很多人也會將這天定為用水清洗牛馬的日子。由此可知，七夕可說是迎接夏天來臨的淨滌祭典。

月岡芳年《月百姿 銀河月》描繪一年只能在天河相會一次的織姬（織女）與彥星（牛郎）。

Culture

七夕祭的原型是「趕跑睏意的例行活動」

七夕隔天，人們將使用過的竹枝竹葉和裝飾飄帶放入河川或海洋中流走，藉此除去穢氣，這個習俗稱為「七夕流」。和女兒節的「雛流」一樣，都是一種消災解厄的除穢儀式。

此外，每到七夕時期，全國各地都有舉行「眠流」的傳統風俗。眠指的是「睡魔」，用日文發音與「眠」相近的合歡樹象徵睡魔，將合歡樹枝或樹葉放入河川中放流的除穢儀式。青森縣在七夕舉行的「睡魔祭」、秋田縣的「竿燈祭」，都是以「眠流」為原型的傳統活動。

祖先的靈魂從那個世界回來

【お盆】盂蘭盆節

盂蘭盆節是人們回鄉祭祖的時期，
也是慰勞祖先的重要傳統例行活動。

為了迎接祖先回家而誕生的種種儀式

火是送迎祖先時方便辨識的記號 Culture

「迎火」與「送火」是日本盂蘭盆節的傳統儀式。當祖先靈魂回到世間時，焚燒「迎火」方便祂們辨識回家的路，才不會迷失方向。據說靈魂會乘著焚燒時的煙霧歸來。相反地，「送火」就是將祖先平安送回那個世界的儀式。京都知名的「大文字燒」即為送火的一種。

經過以「水」除穢的七夕後，就要迎來以「火」為主的傳統活動——盂蘭盆節。從「盂蘭盆節和正月一起來」（注38）這句俗諺就能看出對日本人來說，盂蘭盆節和正月的重要程度不相上下，且兩者都是恭迎祖先靈魂回到世間的例行活動。

以舊曆七月十五日為中心，加上前後幾天的這段期間就稱為盂蘭盆節。不過，套用到新曆後，這段期間往往忙於農務，所以現在多半在新曆的八月十五前後過盂蘭盆節。

十三日，用野火或燈籠焚燒「迎火」，指引祖先靈魂回到家中。在祖先牌位前或名為「精靈棚」的架子上放置供品。供品除了食物，還有用小黃瓜做成的馬和茄子做成的牛，稱為精靈馬，人們相信祖先的靈魂會降臨其上。

直到現代，盂蘭盆節依然是人們返鄉省親的好時機，平時分開居住的孫兒也常趁此時期回老家探望祖父母。從前，一個家中年紀最大的長輩有「生見玉」之稱，被尊為最接近祖先的存在。由此可知，盂

幕末時期的盂蘭盆節情景。出自《日本禮儀與習慣速寫》一書（1864 年）

蘭盆節並不完全只是為死去靈魂存在的節日。

◆ ◆ ◆

煙火與盆舞是撫慰已逝祖先靈魂的鎮魂儀式

據說「盆舞」是為了表現免受地獄之苦的亡者喜悅，雖然現代日本各地的盆舞活動時期不一，最早盆舞應該是在十六日晚間聚集眾人進行的舞蹈。以「大文字燒」聞名的「京都五山送火」也同樣在這天舉行。「送火」就是恭送靈魂回到那個世界的儀式。

盂蘭盆節前後這段期間，日本全國各地盛行煙火大會。為什麼日本一到夏季就會四處舉行煙火大會呢？儘管由來眾說紛紜，有一點可以肯定的是，庶民享受煙火樂趣是江戶時代之後的風俗。當時人們施放煙火的目的，可能是為了驅逐疫病

為死者而跳的盆舞 History

盆舞原本是為撫慰祖先靈魂而進行的儀式，也是恭送靈魂回到那個世界的神聖儀式。隨著時代演進，宗教意義逐漸淡薄，普及成為民眾娛樂活動之一。

供奉祖先的盂蘭盆節儀式

盂蘭盆節是祖先靈魂從異界回到現世的返鄉期間。雖然有地區或宗教上的差異，多數地方都會舉行供奉祖先靈魂的儀式。

迎火・送火

迎接祖先回到現世，
或恭送祖先回到異界的焚火儀式。

精靈馬

用小黃瓜和茄子做成牛馬造型，
當作祖先返鄉時的座騎。

燈籠流

將承載祖先靈魂的燈籠放入河川
或大海流走，屬於送火的一種。

和慰問亡者的靈魂。

◆◆◆

追根究柢，盆舞的「盆」字，其實來自佛教儀式的「盂蘭盆會」。這項儀式的起源，可以追溯到《盂蘭盆經》這本佛教典籍——釋迦十大弟子之一的目蓮憑著神通之力，得知母親往生後獨自墜落地獄中的餓鬼道。目蓮為了拯救母親而求助釋迦。釋迦告知目蓮，只要將食物布施給周遭的僧人，其中一部分食物就能抵達母親手中。於是，目蓮按照這個做法拯救了母親。以此傳說為基礎，日本發展出一年一度供奉祖先的例行活動。

《盂蘭盆經》將布施的目蓮描述為「施餓鬼」，因此，後來的盂蘭盆會上也會舉行名為「施餓鬼會」的例行活動。

Culture

西馬音內的盆舞

秋田縣羽後町的西馬音內盆舞，是日本的三大盆舞之一，又稱「亡者之舞」。舞者頭上戴著壓低的編織斗笠，用黑色頭巾遮掩臉孔，裝扮成死去之人的模樣。能令觀者感受到夢幻氛圍，是擁有悠久歷史的盆舞。

長崎的精靈流

在長崎縣內各地舉行的「精靈流」，是亡者家屬上街拖曳手工製成的精靈船遊行，藉此憑弔故人靈魂的傳統儀式。遊行時還會施放鞭炮，目的是利用爆炸聲中的「除魔」力量祛除邪氣。遊行一路延續到深夜，明亮的燈籠照亮遊行的精靈船行列。

向神明祈願，與神明交流的儀式

祭典

【お祭り】

日本有許許多多的祭典。
古時感謝神明的儀式，演變成了祭典。

「祭典」的日文發音「まつり」，可以寫成好幾種漢字。例如「祀」指的是向神明祈求，與神明交流的儀式。

向神明祈禱或表達感謝，祭典是神明與人界交流的方式

也可以寫成「政」，因為祭祀也是古代政治的要素之一。不過，一般提到的傳統祭典等例行活動，多半使用「祭」這個漢字。由「肉、手、示」組成的這個字，代表用雙手（手）獻上（示）供品（肉）的意思。換句話說，「祭典」就是奉獻、款待異界神靈的儀式。

在日本，春夏秋冬四季有著各式各樣的祭典。有些是向神明祈求豐收或感謝保佑，有些則呼應循環的農耕程序，不同祭典各自有著不同的含意。即使如此，仍有一個貫穿全體祭典儀式的概念。因為疫病與天災，是這個世界的人無論如何努力也難以避免的事，於是人們透過祭典祈求，為的就是借助異界的力量。因此，我們到現在還會舉行祭典，款待神靈，祈求保佑。

「晴」的祭典概念

Culture

要理解日本的祭典，必須先理解「晴與褻」的概念（注39）。在民俗學中，「晴」指的是非日常，「褻」指的是日常，祭典即為「晴」的代表，舉行祭典場合，就是一個與日常做出區隔的非日常空間。

神輿和山鉾等同於神明，搖晃神輿和山鉾為的是取悅神明

許多祭典中都能看到人們扛著給神明乘坐的神輿，在祭典區域內激動搖晃遊走的景象。據說搖晃得愈激烈，神明就愈歡喜。人們認為遊行時，神輿會將降臨在這塊土地與民眾身上的災厄與污穢聚集起來。因此遊行過後，必須將神輿送到神社進行除穢儀式，或用海水、河水來洗滌潔淨。也有故意從樓梯上推下神輿加以破壞的習俗。

轉動車輪前進的山車，也是祭典上常出現的一幕。山或巨岩都是神明的「依代」，也就是憑依的對象，這種說法來自「神明降臨」的原始信仰。山車當然也是神明乘坐的交通工具。有的大型山車上還會設置舞台，由笛子、太鼓及銅鑼組成的樂團演奏。樂隊的演奏和搖晃神輿意義相近，都是一種炒熱氣氛，取悅神明的表現。

歷史悠久的京都祇園祭上，作為「依代」的山車又稱為「山鉾」，遊行的隊伍中還會加上舞者及樂隊，聲勢浩大，熱鬧非凡。此外，「傘鉾」有保護人們不被雨水侵襲，阻擋災厄靠近遊行行列的意思，概念就像一個結界。

裸身與神交流的「裸祭」

History

日本的眾多祭典中，有一種叫做「裸祭」的祭典。參加者只穿著兜襠布，以近乎全裸的姿態參加祭典。這意味著「以初生般的潔淨姿態」與神交流。

《洛中洛外圖屏風》（狩野永德畫，十六世紀）描繪祇園祭中熱鬧的街景與遊行中的山鉾。

Culture

祭典的根源是「隱身天岩戶」傳說

以神社與寺院為舞台展開的祭典，起源是日本神話中的「隱身天岩戶」傳說。

為了請出躲進天岩戶的天照大神，眾多神祇在天岩戶外唱歌跳舞，舉行宴會。聽到外面吵雜的聲音，感到好奇的天照大神於是從岩戶縫隙間偷看，世界才重新恢復了光明。

以菊花的靈力避邪除厄

重陽節

【重陽の節句】

九月九日是飲菊花酒，祈願長壽的節日。
日本人認為菊花擁有特別的力量。

舊曆九月，日本人也會舉行重陽節的儀式，這是平安時代從中國傳來的禮俗，到了江戶時代，幕府將重陽節制定為五大節日之一。

追根究柢，「重陽」原本是指陰陽五行學說中「陽」數（也就是奇數）重疊的日子，例如三月三日、五月五日都是。九是陽數中的極數

加賀當地特產酒「賀州菊酒」 Keyword

石川縣加賀地方的菊花酒也被稱為「夢幻名酒」，是根據喝了菊花露而獲得長生不老的「菊慈童」（注40）傳說而釀造的地方特產酒。手取川邊野菊叢生，川中河水稱為菊水，是釀造菊花酒時的重要原料。

能避邪除厄，有長生不老藥效的菊花神祕力量

（最大的數字），因此只有九月九日被特別稱為重陽節。順帶一提，在陰陽五行學說中，陽數重疊會造成「氣」的失衡，被視為不吉利的事，傳到日本之後，江戶時代的人們反而將這天當作值得祝賀的日子。

重陽節別名「菊花節」，「菊花酒」是重陽節不可或缺的東西。喝菊花酒的習慣也來自中國傳說。據說只要帶著名為「茱萸」的植物和水果登山，喝泡有菊花花瓣的酒，就能消災除厄。此外，自古以來人們相信菊花擁有使人長壽的藥效，香氣也有避邪效果，向來被當作重要的藥草。這些傳說與習俗在平安時代傳來日本，普及於貴族階級之中，後來慢慢發展為庶民的例行活動。

Culture

重陽節早晨進行的菊綿儀式

平安時代，重陽節有一種需要使用「菊綿」的儀式。菊綿的製作方式，是在重陽節的前一天，將綿布放在菊花上，藉以沾取菊花的香氣和露水。隔天早上，就用這塊綿布洗臉和擦拭身體，祈求長生不老。在《源氏物語》中，也有一段描述光源氏看見將綿布放在菊花上的光景時，憑弔起逝去的紫之上的情景。

對著滿月獻上祈禱與感謝

中秋節

【十五夜】

舊曆八月十五日，大大的滿月高掛天空。
人們看著美麗的圓月，從中感受到神祕的力量。

舊曆八月十五日在日本稱為「十五夜」，也叫中秋（仲秋）名月。這天晚上，散發黃色光芒的大大滿月高掛夜空，是一年中最美的月亮，從古至今深受人們喜愛。

此外，由於人們也會將此一時期收成的里芋（小芋頭）拿來當成供品，因此中秋又有個「芋名月」的別稱。芒草則是用來代替稻穗。

日本的十五夜習俗來自中國欣賞滿月的節日「中秋節」。在中國，人們一邊品嚐月餅等點心，一邊欣賞中秋月。這個習俗於平安時代傳入日本貴族社會，貴族

等待月亮升起的「待月」 Culture

和月亮息息相關的民俗信仰還有「待月」。待月分成「待三日月」、「待十五夜」等，人們一邊等待上弦月或滿月等特定形狀的月亮升起，一邊吃吃喝喝、準備供品祭祀。對日本人來說，不只滿月，各種形狀的月亮都有它的美。

月見糰子是聯繫靈界的橋樑，傳遞人們對月亮的祈禱與感謝

們會以賞月為題材吟詠詩歌，或舉辦宴會助興。到了江戶時代，中秋夜演變為庶民慶賀豐收的收穫祭，「賞月」的習慣也就此根深蒂固。

◆◆◆

說到賞月，那就不可不提高高堆起，狀似一座金字塔的圓糯米糰「月見糰子」。堆成這個形狀是有意義的，將糰子朝天空高高堆起，是因為從前的人認為，糰子塔的最尖端與靈界相連。

孩子們偷吃月見糰子的習俗稱為「刺糰子」。人們將消失的供品解釋為「神明已經享用了」，所以小孩偷吃愈多，大人愈開心。

Culture

「十三夜」與「十五夜」是一組例行活動

除了中秋的「十五夜」，差不多一個月後的舊曆九月十三日則稱為「十三夜」。一般認為十三夜的月圓之美僅次於十五夜，所以十五夜賞月後，十三夜也一定會再次賞月，可以說是一組例行活動。如果只有其中一天賞月，那就稱為「片見月」，是不吉利的事。

大掃除是清淨身心的儀式

跨年

【年越し】

年底的大掃除，在過去曾經是神聖的儀式，
也可說是掃去一整年污穢的重要例行活動。

就像盂蘭盆節前舉行夏越之祓，或七夕時以水洗去罪愆與穢氣一般，在迎接祖先靈魂回來的正月新年前，人們也必須於年末時分，將自己

舊曆十二月十三日的大掃除，是從平安時代延續至今的神聖清淨儀式

的身體與住處清掃乾淨。這就是大掃除這個習俗的緣起。

年底的大掃除習俗始於平安時代的宮廷之中。為了準備迎接正月之神（年神），將居處打掃乾淨是宮廷裡的例行活動。

到了江戶時代，百姓會在十一月時前往「酉之市」（注41）採買，為跨年做準備。酉之市上最富盛名的商品「熊手」（耙子），到現在仍是生意興隆的象徵。接著，到了十二月十三日前後，人們開始著手大掃除，準備迎接新年。這時的大掃除，在日文中稱為「煤掃」。因為以前的房屋常因生火冒煙而被薰得沾上一層煤灰，「煤掃」就是將煤灰打掃乾淨的意思，也成了大掃除的代名詞。

十二月十三日大掃除是江戶時代開始養成的習慣，起初只是江戶城中的例行活動，後來漸漸普及百姓之間。

除夕這天，神社裡也會舉行「年越大祓」（年越就是跨年的意思）。和

十二月十三日為「鬼宿日」 Culture

十二月十三日進行年末大掃除，原因之一就在於這天是「鬼宿日」。這天鬼去休息了，不會出來搗亂，人們得以在這幸運的一天好好展開大掃除。

夏天一樣，由神官誦唸大祓詞，將污穢邪氣轉移到神明的形代（替身）上。此外，大部分的神社都有跨越茅輪的儀式。像這樣透過物質與精神來淨化身體及心靈之後，才總算能在跨年之際迎接祖先靈魂與年神的降臨。

歌川廣重《王子裝束之木大晦日狐火》（出自名所江戶百景），描繪除夕（大晦日）夜晚，狐狸們聚集於朴樹下，在這邊整理服裝儀容，準備前往王子稻荷神社參拜的傳說。

古人認為新年與舊年的交界，是魔物容易潛入，令人不安的時刻

過去有個習俗，除夕夜時不能讓地爐裡的火熄滅。這和古時人們認為「火是家的象徵」有很大的關係。

尤其是在新的一年與舊年交界時刻的除夕夜，更被視為一個不穩定的時段。為了避免不祥的事物靠近，火種必須從這一年燃燒到下一年，這也表示家中運勢能從今年維持到明年。因此，從除夕到新年的這個跨年夜晚，發展出家中至少必須有一個人醒著不睡的守歲習慣。

◆◆◆

除夕這天晚上，寺廟會敲響一百零八次的除夕鐘聲。一百零八除了代表煩惱的數量，同時也是「十二個月、二十四節氣、七十二候」的總和數字。

跨年的風俗習慣

西之市採買、年末大掃除、除夕鐘聲——年底除了從異界迎來年神，也有許多為新的一年祈求幸福的重要儀式。

熊手
象徵能耙集好運，保佑生意興隆的吉祥物品。

大掃除
始於平安時代，為迎接年神做準備。

添歲魚
除夕夜或跨年時吃的魚。

保持火種不滅
防止不祥之物靠近，將運氣延續到下一年。

除夕鐘聲
據說除夕夜的敲鐘聲有祛除不淨事物的效力。

聽著鐘聲守夜不睡，就這樣度過跨年的夜晚。

◆◆◆

跨年夜也有吃些特別食物的風俗。例如，關西地方要吃鰤魚，關東地方則是吃鮭魚。除夕夜吃的魚叫「添歲魚」，被視為吉利的象徵。

「跨年吃蕎麥麵」是現代人也耳熟能詳的習俗。跨年吃蕎麥麵的習慣，差不多從江戶時代開始普及於百姓之間。此一習俗的由來之一，據說來自從事貴金屬加工的工匠用來清潔地板的蕎麥麵糰。這種叫「蕎麥搔」的麵糰因為匯聚了金屑，帶有「聚財」的意義，後來演變為帶來好兆頭的食物。除此之外，細長的麵條象徵長壽，蕎麥有堅強的生命力等等，都是跨年吃蕎麥麵的由來。

Culture

大掃除的習慣從除穢清淨的儀式中誕生

一如前述，為了迎接新年到來而進行的年底大掃除，源頭可回溯到平安時代。當時，人們習慣在正月新年前往神社參拜，求得護符保佑，回家後供奉在家中神龕或天花板內。因為認為護符為家中擋下一整年的穢氣，一年之後要再帶到祭典上燒掉淨化。這樣的儀式也歸結到年底大掃除的習慣，演變為現代人過年前大掃除的形式。

Column 3

不論是板羽球或放風箏，都含有呪術性相關意涵

近年雖然比較少見，但在過去，板羽球可是正月不可或缺的風景。玩板羽球時，使用名為羽子板的木板，互相擊打帶有羽毛的木球。這原本是宮廷之中的遊戲「毬杖」，據說最早來自中國，在日本的歷史可回溯到奈良時代。

正月孩子們玩的遊戲，同時也是避邪除魔的儀式

起初，球上並沒有羽毛，室町時代後才演變為幾乎和現在的板羽球沒有兩樣的形式。製作木球的原料是無患子樹，漢字的「無患子」從字面看來有「孩子無疾患」的意思，因此也常拿來製作唸珠，被視為是一種具有除魔效果的樹。正月玩板羽球，除了娛樂之外，同時也是避邪除魔的儀式。

順帶一提，用無患子樹做成的羽球，其造型刻意仿造蜻蜓。因為蜻蜓會捕食蚊子，這麼做含有「保護孩子不受蚊蟲叮咬」的用意。蚊子是傳播瘧疾和絲蟲的媒介，對古人來說，這些都是會對生命造成威脅的疾病。此外，到了江戶時代，在板羽球上加上羽毛，也有希望孩子不受邪氣侵擾，健康成長的祈願之意。贈送板羽球給生了女兒的人家，是當時盛行的風俗習慣。

說到正月必玩的遊戲，放風箏也是一大代表。其實，放風箏或許也含有咒術上的意義。據說風箏的由來和陰陽五行學說有關，

第二代歌川廣重描繪的圓形風箏。江戶時代，放風箏是一般大眾熟悉的娛樂。

在木、火、土、金、水五行中，新年特別需要加強「火」的力量，風箏的形狀又類似火焰，放風箏就此被視為能帶來好兆頭的活動。

有趣的是，風箏在日本原本稱為「花枝旗」，只是江戶時代，人們常因風箏互相碰撞拉扯而引發糾紛，甚至出現鬥毆死傷，江戶幕府因而發出禁令，禁止人們放花枝旗。於是，江戶庶民就說「我們放的不是花枝，是章魚（注42）」，以此為藉口繼續放風箏。

MEMO

放風箏和板羽球一樣，都是從中國傳到日本的娛樂，原本都具有軍事上的暗號目的。此外，正月放風箏，還有祈求家中男孩健康成長的意思。

第四章

表演藝術與異界

能樂、相撲等日本傳統表演藝術，
往往伴隨著來自祭祀等神聖儀式的規矩。
本章將說明表演藝術如何成為連結人與神的場所，
創造出一個「異界」。

能樂
文樂
舞
雅樂
茶道
相撲

女兒節時吃的甜點與料理，是用來為女兒們祛除邪氣的除厄食物

慶祝女兒節的用意，原本就是為了祛邪避災，這個特徵也展現在當天吃的食物上。比方說「菱餅」，最常見的紅白綠三層造型，其實每一種顏色都有其意義。紅色菱餅裡摻入了有解毒作用的梔子，代表除魔的意思。白色菱餅表現的是白雪的潔淨，綠色菱餅則象徵具有豐饒生命力的大地，有避邪及帶來健康的含意。

順便一提，後來有些地方會加上黃色的菱餅，用意是以四色菱餅代表四季，藉此祈求女兒一年四季身體健康，順利成長。

散壽司的含意 History

散壽司也是女兒節必吃的食物，鋪在醋飯上的食材各自有其含意。例如蝦子的紅色是除魔的色彩，蓮藕上的洞則有「視野開闊」的意思，象徵前途光明。

扮演神與精靈的幽玄世界

能樂

【能楽】

擁有獨特世界觀的能樂世界，
在能樂舞台上展開一個神聖的異界空間。

觀眾透過配角的觀點窺見異界

能樂是日本的傳統表演藝術，也是聯合國教科文組織認可的無形文化資產。能樂包括「能」與「狂言」，是這兩者的總稱。其中，狂言內容以俗世為主，表演方式偏向喜劇。相較之下，能劇屬於歌舞劇，題材多為神話與歷史。能劇還可大分為「現在能」和「夢幻能」兩種。

能的主角稱為「仕手」，配角稱為「脇」。「現在能」的仕手扮演的是活在現代的人，「夢幻能」的仕手則扮演神明、鬼怪或精靈等異界角色。至於能樂舞台上的配角「脇」，則和觀眾一樣都是活在這世間的人，他們會在戲劇中與異界的存在相遇，之後再度回到現世，這就是能劇的基本故事架構。

換句話說，觀眾是透過配角「脇」的視角進入

「神明」降臨的「翁」 Tradition

「翁」是能劇中最古老的劇目，也被視為能劇中地位最高的一種。因為沒有情節，這種劇目雖屬於能又不被當作是能，而是地位更高，接近神聖儀式的存在。表演者在公演前必須淨身齋戒，表演當中也禁止觀眾進出。開演時誦唱的「とうとうたらり……」代表什麼意思，至今仍是個謎。

異界，感受異界中的存在。「脇」這個字在日文中也有表示邊界的意思，能劇裡的配角「脇」正是現世與異界的邊界，扮演聯繫起兩邊的世界，將觀眾帶往異界的角色。

◆◆◆

能劇舞台的神祕裝置正代表了異界本身

現代的能劇舞台即使設於室內，舞台上仍搭建屋頂，這是為了保留原本搭建在神社或寺廟內的能劇舞台造型。觀眾席稱為「見所」，以扇形包圍舞台。舞台正面後方的板子稱為「鏡板」，鏡板上畫著松樹——稱為「鏡松」，象徵的是春日大社中曾有神明降臨的影向之松。

形式上，能劇是為了表演給依附在松樹上降臨人世的神明或精靈欣賞，因此嚴格說來，松樹的位置本該正對表演者。然而，那麼一來觀眾就會被遮蔽視線，於是採取在舞台後方設置鏡子的方式。連接正舞台與舞台後方的「橋掛」走廊上也豎立了三棵松樹，依序稱為一之

與神化為一體的笏 Underworld

能樂師手持的奏板「笏」被視為具備召喚神靈的力量，可使神靈降臨其上的神聖存在。

能劇舞台由正舞台及走廊組成

能樂是日本的傳統戲劇，其舞台空間上的「橋掛」走廊，代表連接現世與異界的邊境地帶。

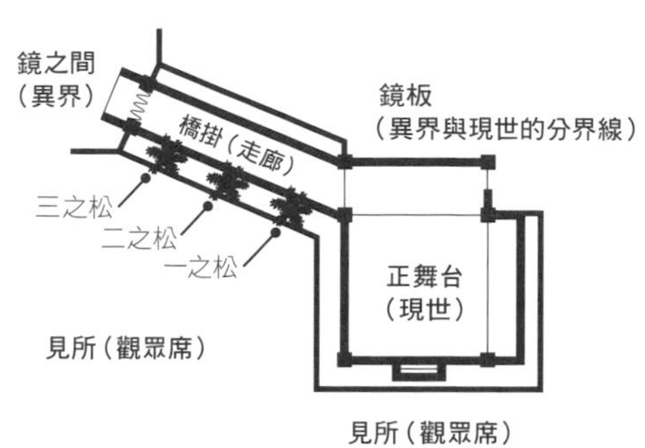

除了舞台空間用來表達「這個世界」與「那個世界」之外，能樂也有許多演出鎮壓怨靈的劇目。室町時代延續至今的這項傳統藝術，和異界有著深厚的淵源。

松、二之松、三之松，由高至低排列，為的是配合微微傾斜的走廊，以透視原理營造遠近感。從舞台後方現身的仕手，也同樣從這裡下台。換句話說，這條走廊就是連接現世與異界的通道。由此可知，能樂從舞台構造的設計就已開始展現世俗之外的非日常。

此外，有時能劇舞台的地板下還會埋入甕。一方面是為了配合腳打拍子製造共鳴，另一方面也有可能是為了除魔。日本某些地區仍有在房屋玄關地下埋甕的習俗，人們認為這麼做可以守護玄關。這裡的甕也可說是一種具有咒力的物品。

Culture

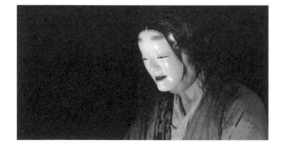

能面

主角「仕手」藉由戴上不同的能面，化身為神明、鬼怪或幽靈等異界存在。表演者會在舞台後方的特別空間中掛上面具。順帶一提，日語中不說「戴上能面」，而是說「掛上能面」，這種說法也含有角色附身在演員身上的意思。

魂魄棲宿的傀儡人偶

文樂

【文楽】

人偶彷彿有生命一般動起來，
這種人偶藝術稱為文樂或人形淨瑠璃。

將自古以來作為依代、咒具的人偶代替真人成為「表演者」的傳統表演藝術

和能樂一樣，也在二〇〇九年獲得聯合國教科文組織認可為無形文化資產的文樂，是誕生於江戶時代的人偶劇，流傳至今，成為日本傳統表演藝術之一。人偶劇在世界上諸多國家各有獨特的發展，其中文樂顯得別樹一格，或許因為它並非以兒童為對象，而是為大人存在的表演藝術。操縱文樂人偶的是名為「三業」的三位表演者。負責講述故事情節的「太夫」、負責演奏音樂的「三味線」以及負責操偶的「人形遣」，他們三位一體，呈現出連活生生的人類站在舞台上也難以詮釋的微妙心境表現，共同完成精緻的文樂人偶劇。「人偶」在日本原本就

操縱人偶是神聖的表演藝術

Tradition

把人偶當作具有咒力的物品時，有兩種使用模式。一種是將人偶放在固定位置，一種是將人偶拿在手中操縱。文樂屬於後者，因為人們認為舞動起來的人偶才能成為神明依附的「依代」。

西宮傀儡師（出自攝津名所圖會）。西宮是傀儡人偶的發祥地，室町時代之後，推廣「惠比壽信仰」的傀儡師紛紛聚集到西宮神社週邊地區。

文樂的根源 來自「傀儡子」

具有供神靈附身的「依代」性質。此外，人偶有時也當作代替人類承受災厄的替身，被視為一種具有咒力的道具。人偶模仿人類形體，正可說是「人形」。自古以來在神聖儀式上使用或作為咒術道具的人偶，在日本更發展出了文樂這種傳統表演藝術。

◆◆◆

文樂雖然只是人形淨瑠璃中的一支，大正時代之後，同類型的大型表演場只剩下文樂座，因此現在文樂幾乎等同於人形淨瑠璃的代名詞。包括文樂在內，人形淨瑠璃這種日本傳統傀儡戲的根源又是什麼呢？奈良時代，攻打反抗大和朝廷的原住民族「隼人」時，就曾留下故意表演傀儡子之舞吸引對方注意，趁隙攻其不備的插曲。平定後，為了鎮壓隼人的怨靈，也曾在宇佐八幡宮舉行放生會。此時，作為宇佐八幡宮的末社，大分縣的古要神社和福岡縣的八幡古表神社都供奉了傀儡子之舞。當時的儀式，透過這兩間神社流傳至今。這裡的傀儡子，指的是以操縱傀儡（人偶）為業的街頭藝人，又稱操偶師或傀儡師。平安時代已經有這種職業存在，江戶初期，傀儡子導入琉球傳來的三味線及說唱音樂，一般認為人形淨瑠璃的原型就奠定於此。

天和四年（一六八四年），一位淨瑠璃的說唱者竹本義太夫在大阪的道頓堀創設「竹本座」劇場。從竹本手中發展起來的淨瑠璃稱為義太夫節。請來近松門左衛門擔任駐座戲曲家，在義太夫節的伴奏下，竹本座發表了許多嶄新的人形淨瑠璃戲曲，大受當時民眾歡迎。

人偶是文樂的原點

人偶原本用來詛咒他人或擋煞消災，而這樣的人偶，正可說是文樂的原點。

人偶

用於祭祀或詛咒的人形道具。

人面墨書土器

和人偶一樣，用在祭祀上的人臉造型土器。

文樂

祭祀上使用的人偶，隨著時代的演進轉變為文樂。

操偶師、三味線與太夫三業一體的表演藝術

History

文樂表演中，傀儡人偶之所以如此栩栩如生，乃因為文樂由三個要素組成。分別是操偶師、三味線，以及用聲音傳遞人偶心情的太夫。

Culture

賜福的「阿波三番叟偶戲」

德島縣也看得到保存至今的傀儡表演藝術「阿波三番叟偶戲」。正月時，表演者會舞動手中的三番叟（千歲、翁與三番叟）與惠比壽神等四具人偶，之後還會由操偶師操縱人偶的手去撫摸民眾的頭手等部位。這是一種登門表演後，為民眾招來福氣的儀式。過去，除了正月之外，祭典禮儀時，傀儡師也會挨家挨戶上門表演，給予祝福。在這樣的儀式中，傀儡人偶被視為等同於神明的存在。

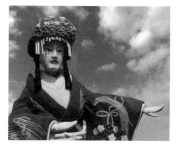

聯繫神與人的咒術儀式

舞

【舞】

巫女的舞，是為了召喚神明，
與神明合為一體的儀式。

腳摩擦地面，左右旋轉跳舞，在神樂之中，由巫女進行「神懸」儀式

「舞」字可廣義解釋為所有舞蹈，不過，最初的「舞」指的是一種旋轉運動。腳底彷彿在地面摩擦般，身體左右旋轉，這就是「舞」的基礎。相對地，身體上下跳躍的運動，在日語中稱為「踊」。兩者合起來稱「舞踊」，即舞蹈的意思。

現在提到「舞」時，一般指的是配合太鼓、笛子等傳統樂器演奏神樂、舞樂，在能樂等舞台上表演的舞蹈。也就是說，來自神聖儀式的神樂，成為載歌載舞的日本傳統表演藝術之一。宮廷中的例行活動稱為「御神樂」，民間進行的就稱為「里神樂」。御神樂是雅樂的一種，光說神樂的時候，通常指的是里神樂。

日本各地流傳的里神樂中，巫女於祈禱或獻納時跳的神樂舞就稱

平安時代持續至今，
春日大社的巫女神樂「社傳神樂」 Tradition

奈良縣春日大社的「社傳神樂」，是起源於平安時代初期，歷史悠久的巫女神樂。由名為「八乙女」的八位御巫（巫女）獻舞神樂，祈求國泰民安。神樂開頭演奏祕曲《神降》，地位最高的御巫則配合《直至千代》樂曲獻舞。

為「巫女舞」。神樂可以視為神明降臨在巫女身上跳舞的「神懸」（神明附身）儀式。換句話說，巫女舞正是神樂的原點。跳巫女舞時，巫女手中搖響的鈴，是呼喚神明的重要神具。

神人一體的「神懸」儀式

神樂的語源來自「神座」，神座是指神明降臨的神聖場所，發音為「KAMIKURA」，在語言演變的過程中音轉為「KAMUKURA」，又轉為「KAGURA」，也就是神樂。在供神明降臨的神座迎接神明，表演歌舞作為獻納儀式。神明附身也就是「神懸」之際所跳的舞，用現代詞彙來說，就像進入了恍惚狀態。這樣近乎咒術的神人交融儀式，後來慢慢發展為神樂。日本各地流傳的里神樂中，除了巫女神樂（巫女舞）之外，也有在大鍋中燒滾沸水迎接神明降臨的「湯立神樂」，以及將舞獅的獅頭視為神體，旋轉舞動的「獅子神樂」，還有手持各種物品舞動的「採物神樂」等，型態多樣。

神樂最早的起源，可回溯到日本神話中太陽神天照大神藏身天岩戶時，有演藝之神之稱的女神天鈿女命降臨起舞的故事。天鈿女命在

神樂之舞的旋轉運動是基本形式 History

身體不斷轉動時，人也跟著頭暈腦脹，這樣的經驗想必人人都曾有過。從前的人將這種狀態視為神明附身（神懸），因此左右不斷旋轉的動作就成了巫女神樂的基本形式。

春齋年昌《天岩戶神話之天照大御神》（1887 年），描寫神樂源頭的「天岩戶神話」中，巫女在倒扣木桶上跳神樂舞的模樣。

天照大神藏身的天岩戶前，腳踩倒扣木桶起舞。這個動作與神樂舞中常見的「反閇」動作有共通之處。反閇是日本古典表演藝術中耳熟能詳的動作，意指用腳踩地，鞏固地面的行為，也具有壓制地底惡靈邪氣的作用。

此外，天鈿女命當作舞台的木桶，也被視為具有咒力的物品。木桶中空的形狀，自古以來常被視為神靈現身時的咒具。人們認為這個中空的空間所發出的聲響，有著吸引神明現身的神祕力量。

作為神明的「依代」，活躍於各種場合的「扇」

「扇」又稱「扇子」，誕生於平安時代，頻繁使用於日常生活及祭祀儀式上。無論是神聖儀式、能樂或舞蹈，扇子都是重要的小道具，具有「供神明依附」的重要意味。這是日本自古以來就有的信仰，熊野那智大社的「扇祭」中，扇神轎就是重頭戲。各種民俗傳統活動或婚喪喜慶等儀式上，扇子也常發揮除厄的作用。

延續千年的古代樂音

雅樂

【雅楽】

雅樂是世界上最古老的合奏音樂，
這神祕的樂聲中，隱含著各式各樣的意義。

形式幾乎沒有改變，自古傳承至今的宮廷音樂

從古墳時代到飛鳥時代，來自大陸的亞洲音樂，以及來自朝鮮半島的樂師，手持樂器渡海而來。這些傳到日本的音樂，與日本自古以來的音樂融合，歷經七～八世紀後，成為日本獨有的表演藝術——雅樂之原型。

現在大家都知道雅樂是宮廷音樂和寺廟神社中使用的儀式音樂。大約十世紀時，將在那之前進行的三種藝術領域結合起來，雅樂就此完成。首先，是日本自古以來固有的傳統歌舞——神樂、東遊、久米歌等。其次，是從大陸和半島渡海而來的外國表演藝術——也就是所謂唐樂與高麗樂。第三種，則是十世紀開始流行的朗詠及催馬樂等歌唱表演。

以平安時代的樂制改革為始，只要是不屬

聖德太子出征之際演奏的《陪臚》 Underworld

聖德太子為了討伐物部守屋而出征之際，留下演奏《陪臚》獲得勝利的佳話。據說當時聽見的，是佛陀白毫上發出光芒的聲音「舍毛音」。根據這個傳說，八幡太郎·源義家也會在上戰場時演奏《陪臚》。

於上述三種領域的音樂和樂器，都會被排除於雅樂之外。雅樂之所以被譽為世界上最古老的音樂，是因為當時制定的音樂理論和形式一直延續到今天，幾乎都沒有改變。

◆◆◆

篳篥・笙・龍笛
三種管樂器孕育出
調和宇宙的音色

古代的薩滿透過樂器及其演奏的樂音與神靈相連。現在仍保留如此咒術性質的音樂，便是世界上最古老的合奏音樂——雅樂。雅樂使用的樂器有篳篥、笙和龍笛等三種管樂器（三管），以及琵琶、古箏等弦樂器，還有太鼓、羯鼓、鉦鼓等打擊樂器。

三管除了是雅樂演奏時的中心，同時各自具有靈性的背景。擔任主旋律的篳篥表現的是大地上的人類聲音，外型有如鳳凰展翅般的笙，則用它的音色展現天上照下的光芒。龍笛的音色，代表的是飛翔於天地之間的龍。透過這三種管樂的合奏，雅樂體現了宇宙。

「防蟲曲」的存在 History

雅樂中的《甘州》是一首防蟲曲。這首樂曲根據中國故事寫成，其中包含模仿能將稻穗上蟲子吃掉的鳥叫聲。

雅樂與五行的關係

雅樂樂器演奏出的六種樂調中，有五種與堪稱宇宙法則的陰陽五行思想息息相關。

雙調	代表春季、東方、木的聲音。
黃鐘調	代表夏季、南方、火的聲音。
平調	代表秋季、西方、金的聲音。
盤涉調	代表冬季、北方、水的聲音。
壱越調	代表季節轉換、中央、土的聲音。

不只五行，五種樂調也代表季節或方位。

提倡萬物皆由陰陽兩面組成的陰陽思想，與提倡所有事物現象都能搭配木火土金水五種元素的五行思想——將這兩種思想體系化，就成了陰陽五行學說。雅樂的曲調，正依循著也可說是宇宙法則的陰陽五行思想。雅樂之中，來自大陸的唐樂有壱越調、平調、雙調、黃鐘調、盤涉調、太食調等六個樂調，配合五行學說來看，就是壱越調＝土（四季全部）、平調＝金（秋季）、雙調＝木（春季）、黃鐘調＝火（夏季）、盤涉調＝水（冬季）。雅樂的樂曲與五行學說所表現的季節息息相關，例如《青海波》這首曲調屬於盤涉調，只能在舊曆冬天演奏。除了太食調，其他五個樂調都能分別對應五行。

Culture

篳篥・笙・龍笛表示「天、地、人」

古箏（琴樂）是雅樂的樂器之一。古箏於奈良時代從中國傳到日本，用於雅樂的管弦合奏。古箏外型如龍，各部位的名稱也以龍命名。此外，古箏在古代也用來占卜，彈奏古箏有召喚神靈的意思，為神明附身之人傳達神諭，卜卦吉凶的占卜方式稱為「琴占」。

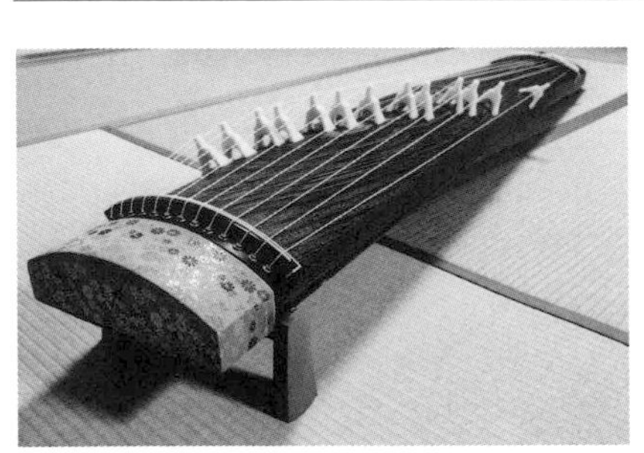

以邊界區隔出的聖域空間

茶道

【茶道】

作為款待客人的特別空間，
茶室裡拉出了各種邊界。

神明存在於邊界。自古以來，日本人一直這麼認為。舉例來說，房屋的玄關出入口、天花板、廚房裡的爐灶、水井，還有廁所。日常生活中隨處可見邊界，

晴與褻——區分日常與非日常的茶道禮儀規範

連天花板的高度都是暗含意義的空間邊界 Tradition

抬頭仰望茶室天花板，會發現有不同的高低落差。客人坐的位置上方天花板較高，代表客人的地位較高。茶道的盛情款待精神，從這些空間上的邊界線也能一窺究竟。

連結現世與異界的邊界，經常被視為神聖的所在，同時也是令人畏懼的地方。茶室也是如此。

最早，茶室稱為「圍」。在寬敞的房間角落，用屏風圍出一個區域，打造出專為茶事存在的特殊空間。換句話說，就是刻意設定區隔日常與非日常的邊界。因為茶道是區分晴（非日常）與褻（日常）的邊界儀式，其中自然就會有些禮儀規範應運而生。正因這裡是神明降臨的場所，必然不能帶入一點世俗塵埃。

按照茶道的禮儀規範，一定要在通往茶室的小徑「露地」上脫掉穿來的鞋履，換穿草鞋入室。露地是通往異界的入口，所以不能踩髒。進入這個神明降臨的地方時，有著不能將世俗事物帶入的規矩。

以榻榻米的邊緣呈現內與外的邊界線

茶道進行點茶（沏茶）時，必須坐在正確的位子上，這稱為「居前」。賓主寒暄之際，彼此都會將扇子放在居前的位子上，這是茶道的禮儀規範。藉此拉出一條界線，意思是做出彼此互不侵犯對方立場及空間的宣言。在茶道的世界裡，經常都需要像這樣注意界線。

「榻榻米的邊緣不可以踩」，也是常被掛在嘴上的和室規矩。為什麼會有這樣的規矩呢？因為榻榻米顯示的正是「各自的空間」，而榻榻米的邊緣就代表著空間的界線。主人進行「點前」（茶道中的一連串動作）時坐的榻榻米、客人坐的榻榻米、其他人移動時經過的榻榻米……這些不同的榻榻米各自有其作用，扮演不同角色。踩上榻榻米的邊緣，嚴重一點代表侵犯他人扮演的角色，輕則有弄髒邊界的疑慮。

另一方面，放置茶道用具的地方或將點好的茶端出的地方等等，雖然沒有肉眼可見的界線，但也都有固定的領域及空間，必須非常小心注意，絕對不可踩到或越界。或許有人認為規矩太嚴，禮節太繁縟，

分成兩階段清淨身體的「露地」構造

History

茶室外的椅子稱為「外露地」，是供人在此等候的場所。穿過「中門」後則是「內露地」，這裡有個「蹲踞」，是用來清淨身心的地方。經由外露地與內露地的兩個階段後進入神聖的茶室，這樣的構造稱為「二重露地」。

重視邊界的茶道

茶道中使用的茶室，因為是異於日常的空間，所以也可以視為異界。此外，榻榻米各自有其作用和名稱。

透過邊界的區隔，
茶道也能區分現世與異界。

教人喘不過氣。然而，當這樣置身於「非日常」之中時，自然而然就會產生禮法節度。禮儀規範不只是為了茶道，當賓主費心注意分際，彼此的關係也會更好。

◆◆◆

在茶道的世界中，也有奠基於中國古代陰陽五行學說的例行活動及用具。以用具來說，名為「五行棚」的小架子就是一例。四方形的頂板與底板間，以三根竹柱支撐，主要用來放置燒水用的風爐。頂板與底板間放置的是分別對應五行的用具，所以稱為五行棚。架子與杓子對應「木」、炭火對應「火」、土風爐及灰燼對應「土」、窯及風爐對應「金」，熱水對應「水」。

Culture

奠基於陰陽五行的茶道用具

在茶道中，每逢舊曆十月就會舉行「開爐」或「口切茶事」等例行活動。「口切茶事」是指開封新茶，放入臼中磨成茶粉泡茶享用的喜慶茶事，又稱「茶人的正月」。另外，套用陰陽五行學說，舊曆十月是陰氣最高的時期，對應五行之中的「水」。因此，為了增加陽氣，就要進行使用「火」的活動「開爐」。由此可知，茶道也和陰陽五行思想關係深厚。

根據陰陽道打造的神聖土俵

【相撲】相撲

相撲歷史悠久，可追溯到神話時代。
至今仍保留許多與神聖儀式相關的規矩和規範。

相撲起源於神明之間的角力競爭，是從奈良時代就有的例行活動

相撲是日本國技，起源可追溯到神話時代。《古事記》的「國讓神話」中，就曾提過建御雷神和出雲的建御名方神角力的故事。此外，《日本書紀》也記載著垂仁天皇七年（紀元前三年）七月七日，天皇命令出雲國的野見宿禰與大和國的當麻蹴速對戰的情況。

奈良時代，開始根據野見宿禰的傳說，於每年七夕祭時在天皇與貴族面前舉辦相撲大賽。到了平安時代，此一例行活動發展為宮中慣例，稱為「相撲節會」。除了宮廷中的相撲，民間各地也早就盛行相撲，將其視為占卜農作是否豐收的儀式。當時，相撲活動可說是人們祈求

「四股踏步」有避邪的效果

History

相撲中的「四股踏步」動作，指的是蹲低後起身高舉單腿，再用力踏地的動作。透過腳踏大地的行為，達到除穢淨化的作用。四股原本漢字寫成「醜」（日語發音與四股相同），意思是「強大」。因此，四股踏步也有「擊敗強者」的意思。

五穀豐饒，天下太平的神聖祈禱儀式。

相撲的動作與土俵空間皆建立於神聖的習俗

正因相撲源於神聖儀式，相撲力士的動作都有著來自神事的獨特規矩。力士站在土俵上擊掌，是因為土俵上乃神明棲宿的地方。撒鹽是為了除穢，四股踏步是為了祛除邪氣。踩踏大地的行為，也和祈求豐收的思想有關。

將柄杓中的「力水」含入口中，和前往神社參拜時洗手的「手水」有相同的含意。主持相撲的行司口中喊的「はっけよい（HAKKEYOI）」，語源來自意指萬事順利的「八卦良い（HAKKEYOI）」。追根究柢，相撲橫綱的腰帶「綱」，其實形同於表示神明降臨場所的「注連繩」。橫綱更是被視為如同神明的存在。

「軍配」是召喚神明的道具

Tradition

行司手中的團扇稱為「軍配」。戰國時代之後，軍配被用來當作武將指揮時的用具，懂得咒術的人也會用軍配來占卜戰爭勝敗。搧動團扇就會起風，象徵提高靈力的效果。一般認為，現代相撲比賽中的軍配，就來自戰國時代武士們比賽相撲時，擔任行司的人用來制裁勝負的團扇。

與當麻蹴速對戰相撲的野見宿禰（出自月岡芳年《芳年武者无類》）。

Culture

土俵上的各種結界

相撲舞台也依據中國傳來的陰陽五行學說建造。以土堆成的土俵呈四方形，以此表示「陰」，內側圍成的圓俵部分則表示「陽」。另外，懸吊的屋頂過去立有四根柱子，分別纏上不同顏色的布，東方為青（綠）色、南方為赤、西方為白、北方為黑。再加上土俵本身的黃，五種顏色對應的正是五行。現在雖然沒有柱子了，懸吊的屋頂四個方位仍會掛上四色流蘇。行司手上的軍配扇子，扇面描繪日月，同樣象徵著陽與陰。

Column 4

傳統競技流鏑馬，原本是除魔儀式

一邊大喊「陰陽」一邊射出箭矢的流鏑馬與陰陽道有共通之處

騎在馬背上奔馳，朝遠距離的靶心射箭，這就是日本的傳統儀式——流鏑馬。平安時代已經有這種儀式存在，到了鎌倉時代更加盛行，成為武家的例行活動。開啟鎌倉幕府的源賴朝獻納鶴岡八幡宮後，流鏑馬又成為神聖的祭祀儀式。據說，直到北条時宗掌權的時代為止，鶴岡八幡宮共舉行了四十七次的獻納流鏑馬。

流鏑馬不單只是體育競技或軍事訓練，更是祈求天下太平，國泰民安的儀式。騎在馬背上的騎士彎弓射箭之際，嘴上會大喊「陰陽」，可見流鏑馬的儀式裡也含有陰陽道的思想。此外，雖然不同流派的形式略有不同，在制定禮法與規範時，也都以陰陽道的方位和數學為根據。除此之外，射箭時喊的「陰陽」口號中，也蘊含了與異界的神靈呼應的意思。

順帶一提，流鏑馬的傳統曾經中斷過幾次，並非從鎌倉時代一路持續至今。每一次的復原，都加入了新的規矩與做法。應仁・文明之亂（注43）後，整整數百年的時間沒有舉行過流鏑馬，一直到江戶幕府時代，第八代將軍德川吉宗才又將流鏑馬恢復為將軍家的祭祀儀式。此後，每當將軍家進行除厄或誕生祈願時，都會舉行流鏑馬儀式。不過，明治維新幕府解體，流鏑馬的傳統再度中斷。只是到了現代，日本各地的神社又再度盛行起流鏑馬。

話說回來，原本屬於軍事訓練的流鏑馬，為什麼會被奉為神聖的祭祀儀式呢？原因或許與馬有關。「馬」是神明從異界進入現世時的座騎，也是與眾多神社淵源匪淺的動物。到神社參拜時購買「繪馬」寫下願望，這是來自古代奉獻活生生馬匹的習俗。隨著時代的推演，改成獻上泥塑或木雕的馬。之後慢慢簡略化，形成今天畫在木板上的繪馬。對了，奈良時代已有繪馬的存在。

江戶時代在高田馬場舉行的流鏑馬。目的是為罹患天花的德川家重祈求早日康復。

MEMO

平安時代的神佛習合，將神道與佛教融合後，觀音菩薩乘馬的說法變得普及，這就是為什麼除了神社之外，寺廟也有奉納繪馬的習慣。

注釋

Prologue

1……西元七一〇～七九四年。

2……《古事記》是日本最早的史書。

3……西元七九四～一一八五年左右。

4……西元一三三六～一五七三年。

5……一般認為開始於西元一四六七年的應仁之亂，終結於一六一五年的大阪夏之陣戰役。

6……西元一六〇三～一八六七年，又稱德川時代。

7……以木板印刷而成的讀物。

8……作者不詳，描述十三世紀日本鎌倉時代的武士家族源氏與平氏，爭奪權力的過程。

9……日本神話中最核心的女神——太陽女神，被奉為日本皇室的祖先。

序章

10……記是《古事記》，紀則是《日本書紀》，記紀神話指的是兩部古書裡的神話統稱。

11……日本室町時代的大眾文學，〈一寸法師〉即為當中最著名的故事之一。

12……完成時間不明，推測約為西元八世紀中旬。

13……日本最古老的詩歌集，編纂時間橫跨西元七世紀後半至八世紀後半。
14……日本神話中的父神，妻子是其妹伊邪那美。
15……日本第六十六代天皇，西元九八〇～一〇一一年。
16……在山中徒步、修行的行者。

第一章

17……日本東北地區恐山的一種巫女。
18……西元五九二～七一〇年。
19……日文「坊主」為和尚之意，故也可翻譯成「海和尚」。
20……即天道、修羅道、人間道、畜生道、餓鬼道和地獄道。
21……逢魔が時（oumagatoki）及大禍時（oomagatoki），兩者發音近似。
22……平安時代（七九四～一一八五）末期的紀傳體歷史書。
23……同樣是平安時代末期的作品，故事有一千餘則。

第二章

24……數字的日文發音皆和漢字相同。
25……以マタギ表示，在日本東北地區、北海道到北關東、甲信越地區的山岳地帶集體狩獵的人。

26……日本歷史的時代劃分，一一八五年平家滅亡到一六〇〇年關原之戰為中世；一六〇三年幕府成立到一八六九年遷都東京為近世。此後為近代。

27……明治天皇在位年號，一八六八～一九一二。

28……大正天皇在位年號，一九一二～一九二六。

29……平安時代的關東豪族，因不滿當時京都的天皇而自立為新皇，引發平將門之亂，最後兵敗遭人斬首。死後首級四處作祟，與菅原道真、崇德天皇並稱為日本三大惡靈。

30……干支逢午的日子，包括庚午、壬午、甲午、丙午、戊午。

31……古代日本的皇族，生卒年不詳。

32……據説是陰陽道代表的咒語符號，五芒星セーマン（seiman）源自陰陽師安倍晴明的名字，縱四橫五格子圖案的ドーマン（douman）源自蘆屋道滿。

33……日本古墳頂部和墳丘四周的陪葬品陶俑。

34……日本山梨縣、長野縣和新潟縣的總稱。從舊名稱「甲斐」、「信濃」、「越後」的第一個字而來。

35……日本本州中部面向日本海的地方，包括新潟、富山、石川、福井四個縣。

36……日本本州中部偏西的區域，也叫做「關西地方」。

第三章

37……日本平安時代女作家，與撰寫《源氏物語》的紫式部是同時代的人物，兩人也常被並稱為平安時代的才女。

38……比喻忙得不可開交。

39……日本人的傳統世界觀，「晴（也可寫成霽）」代表非日常、公家的、神聖的；「褻」代表日常、私人的、世俗的。

40……菊慈童是來自中國的故事，侍奉周穆王的侍童因罪遭到流放，他住在山上的小屋，飲用菊花的露水，幾百年過去後仍然長生不老。

41……日本皇族武士日本武尊討伐東夷大獲全勝後，將名為「熊手」的武器掛於鷲神社前的松樹上慶祝，那天剛好是十一月的「酉之日」。之後每年十一月，供奉日本武尊的神社都會舉辦「酉之市」。

42……日文中風箏——凧（たこ），與章魚（tako）同音。

第四章

43……應仁元年至文明九年（一四六七～一四七七），發生於日本室町幕府第八代將軍足利義政在任時的一次內亂。

参考文献

《日本現代怪異事典》朝里樹 著（笠間書院）
《日本現代怪異事典 副読本》朝里樹 著（笠間書院）
《歴史人物怪異談事典》朝里樹 著（幻冬舎）
《山と里の信仰史》宮田登 著（吉川弘文館）
《年中行事で五感を味わう》山下柚実 著（岩波書店）
《知識ゼロからの　神社と祭り入門》瓜生中 著（幻冬舎）
《初めての能・狂言》山崎有一郎 監（小学館）
《呪い方、教えます。》宮島鏡 著（作品社）
《禁忌習俗事典　タブーの民俗学手帳》柳田国男 著（河出書房新社）
《神楽と出会う本》三上敏視 著（Artes Publishing）
《日本の民俗信仰を知るための30章》八木透 著（淡交社）
《鬼がつくった国・日本》小松和彦・内藤正敏 著（光文社）
《知れば恐ろしい日本人のことば》日本語倶楽部 編（河出書房新社）
《お咒い日和 その解説と実際》加門七海 著（KADOKAWA）
《なるほど！　民俗学》新谷尚紀 著（PHP 研究所）
《〔縮刷版〕神道事典》國學院大學日本文化研究所 編（弘文堂）
《神社の解剖図鑑》米澤貴紀 著（X-Knowledge）
《まじないの文化史　日本の呪術を読み解く》新潟県立歴史博物館 監（河出書房新社）

《「女人禁制」Q＆A》源淳子 編（解放出版社）
《日本の妖怪と幽霊完全ガイド》１００％ムックシリーズ（晋遊舎）
《妖怪学新考　妖怪からみる日本人の心》小松和彦 著（小学館）
《すぐわかる　茶室の見かた【改訂版】》前久夫 著（東京美術）
《暮らしと年中行事》宮田登 著（吉川弘文館）
《こんなに面白い民俗学》八木透・政岡伸洋 編（ナツメ社）
《47都道府県・伝統行事百科》神崎宣武 著（丸善出版）
《本当は怖い日本のしきたり》火田博文 著（彩図社）
《庶民信仰と現世利益》宮本袈裟雄 著（東京堂出版）
《しぐさの民俗学―呪術的世界と心性―》常光徹 著（Minerva 書房）
《知っているようで知らない邦楽おもしろ雑学事典》西川浩平 著（Yamaha Music Media）
《魔除け百科　かたちの謎を解く》岡田保造 著（丸善）
《陰陽五行でわかる日本のならわし》長田なお 著（淡交社）
《大人のための妖怪と鬼の昔ばなし》綜合ムック（綜合図書）
《神祕の道具　日本編》戸部民夫 著（新紀元社）
《異界と日本人》小松和彦 著（KADOKAWA）
《知っておきたい日本の神話》瓜生中 著（KADOKAWA）
《日本の民俗【上】祭りと芸能》芳賀日出男 著（クレオ）
《日本の民俗【下】暮らしと生業》芳賀日出男 著（クレオ）

※除此之外，還參考了更多其他來源。

Fantastic 029

日本異界博物誌 原來這些習俗都跟妖魔鬼怪有關係！

原著書名 / 日本異界図典
原出版社 / 株式会社ジー・ビー
作者 / 朝里 樹
譯者 / 江宓蓁、邱香凝
企劃選書 / 劉枚瑛
責任編輯 / 劉枚瑛
版權 / 吳亭儀、江欣瑜、林易萱
行銷業務 / 黃崇華、賴正祐、周佑潔、賴玉嵐

總編輯 / 何宜珍
總經理 / 彭之琬
事業群總經理 / 黃淑貞
發行人 / 何飛鵬
法律顧問 / 元禾法律事務所 王子文律師
出版 / 商周出版
台北市104中山區民生東路二段141號9樓
電話：(02) 2500-7008 傳真：(02) 2500-7759
E-mail：bwp.service@cite.com.tw
Blog：http://bwp25007008.pixnet.net./blog
發行 / 英屬蓋曼群島商家庭傳媒股份有限公司城邦分公司
台北市104中山區民生東路二段141號2樓
書虫客服專線：(02)2500-7718、(02) 2500-7719
服務時間：週一至週五上午09:30-12:00；下午13:30-17:00
24小時傳真專線：(02) 2500-1990；(02) 2500-1991
劃撥帳號：19863813 戶名：書虫股份有限公司
讀者服務信箱：service@readingclub.com.tw
城邦讀書花園：www.cite.com.tw
香港發行所 / 城邦（香港）出版集團有限公司
香港灣仔駱克道193號超商業中心1樓
電話：(852) 25086231傳真：(852) 25789337
E-mailL：hkcite@biznetvigator.com
馬新發行所 / 城邦(馬新)出版集團【Cité (M) Sdn. Bhd】
41, Jalan Radin Anum, Bandar Baru Sri Petaling,
57000 Kuala Lumpur, Malaysia.
電話：(603)90563833 傳真：(603)90576622
E-mail：services@cite.my
美術設計 / COPY
印刷 / 卡樂彩色製版印刷有限公司
經銷商 / 聯合發行股份有限公司 電話：(02)2917-8022 傳真：(02)2911-0053

2022年（民111）11月1日初版
定價460元 Printed in Taiwan 城邦讀書花園 www.cite.com.tw
ISBN 978-626-318-432-9

國家圖書館出版品預行編目（CIP）資料

日本異界博物誌：原來這些習俗都跟妖魔鬼怪有關係！/ 朝里樹監修；江宓蓁, 邱香凝譯. -- 初版. --
臺北市：商周出版：英屬蓋曼群島商家庭傳媒股份有限公司城邦分公司發行, 民111.11 200面；14.8×21公分.
--（Fantastic；29） 譯自：日本異界図典 ISBN 978-626-318-432-9（平裝）
1. CST：通靈術 2. CST：靈界 3. CST：日本 296 111014841

廣 告 回 函
北區郵政管理登記證
台北廣字第000791號
郵資已付，免貼郵票

104台北市民生東路二段 141 號 B1

英屬蓋曼群島商家庭傳媒股份有限公司
城邦分公司

請沿虛線對摺，謝謝！

書號： BM6029	書名： 日本異界博物誌	編碼：

請於此處用膠水黏貼

讀者回函卡

線上版讀者回函卡

感謝您購買我們出版的書籍！請費心填寫此回函卡，我們將不定期寄上城邦集團最新的出版訊息。

姓名：＿＿＿＿＿＿＿＿ 性別：□男 □女

生日：西元＿＿＿＿年＿＿＿＿月＿＿＿＿日

地址：＿＿＿＿＿＿＿＿

聯絡電話：＿＿＿＿＿＿＿＿ 傳真：＿＿＿＿＿＿＿＿

E-mail ：

學歷：□ 1. 小學 □ 2. 國中 □ 3. 高中 □ 4. 大學 □ 5. 研究所以上

職業：□ 1. 學生 □ 2. 軍公教 □ 3. 服務 □ 4. 金融 □ 5. 製造 □ 6. 資訊
□ 7. 傳播 □ 8. 自由業 □ 9. 農漁牧 □ 10. 家管 □ 11. 退休
□ 12. 其他＿＿＿＿＿＿＿＿

您從何種方式得知本書消息？

□ 1. 書店 □ 2. 網路 □ 3. 報紙 □ 4. 雜誌 □ 5. 廣播 □ 6. 電視
□ 7. 親友推薦 □ 8. 其他＿＿＿＿＿＿＿＿

您通常以何種方式購書？

□ 1. 書店 □ 2. 網路 □ 3. 傳真訂購 □ 4. 郵局劃撥 □ 5. 其他＿＿＿＿

您喜歡閱讀那些類別的書籍？

□ 1. 財經商業 □ 2. 自然科學 □ 3. 歷史 □ 4. 法律 □ 5. 文學
□ 6. 休閒旅遊 □ 7. 小說 □ 8. 人物傳記 □ 9. 生活、勵志 □ 10. 其他

對我們的建議：＿＿＿＿＿＿＿＿

【為提供訂購、行銷、客戶管理或其他合於營業登記項目或章程所定業務之目的，城邦出版人集團（即英屬蓋曼群島商家庭傳媒（股）公司城邦分公司、城邦文化事業（股）公司），於本集團之營運期間及地區內，將以電郵、傳真、電話、簡訊、郵寄或其他公告方式利用您提供之資料（資料類別：C001、C002、C003、C011 等）。利用對象除本集團外，亦可能包括相關服務的協力機構。如您有依個資法第三條或其他需服務之處，得致電本公司客服中心電話 02-25007718 請求協助。相關資料如為非必要項目，不提供亦不影響您的權益。】

1.C001 辨識個人者：如消費者之姓名、地址、電話、電子郵件等資訊。
2.C002 辨識財務者：如信用卡或轉帳帳戶資訊。
3.C003 政府資料中之辨識者：如身分證字號或護照號碼（外國人）。
4.C011 個人描述：如性別、國籍、出生年月日。

請於此處用膠水黏貼